현대 인식론 논쟁

Contemporary Epistemology Controversy

현대 인식론 논쟁

Contemporary Epistemology Controversy

홍병선 지음

한국학술정보[주]

책 머리에

현대 인식론은 전통적인 인식론으로부터 외부 세계에 대한 우리의 믿음의 정당성을 철학적으로 어떻게 확보해 낼 것인가 하는 문제를 해결해야 할 과제로 물려받았다. 주관적인 우리의 믿음과 객관적인 사실과의 괴리를 과연 일치시킬 수 있는가? 있다면 어떻게 일치시킬 수 있는가? 하는 것들이 인식론에서 해결되지 못한 대표적인 문제였다. 그래서 전통적인 해결 방식은 그러한 일치를 가져올 수 있는 필요하고도 충분한 조건을 찾는 데 있었다. 말하자면 앎에 관한 물음이 인식 주체와 대상 간의 관계에 관한 문제라고 했을 때, 앎의 성립은 곧 믿음의 정당화 조건을 만족시키는 데 있었던 것이다. 그러나 이와 같은 답변에 대한 중대한 도전이 게티어에 의해 제기된다.

게티어의 문제가 인식론의 판도에 많은 변화를 가져왔는데, 전통적인 인식론과 새로운 인식론, 외재론이나 내재론의 대립 역시 게티어의 문제를 해결하는 과정에서 파생된 것이다. 그 외에도 자연주의 인식론의 경향이라든가, 전통적인 내재론의 테두리 내에서의 정합론과 증거론의 대두 등도 불과 30여 년 내외에 걸친 기간 동안에 일어난 일로서 게티어 문제의 해결책으로 제시된 것이거나 게티어 문제로 말미암은 것들이다. 이러한 새로운 변화는 전통적인 인식론의 전형인 토대론이 오랜 기간 동안 누려왔던 지위를 일시에 동요시켰음은 물론 나아가 인식론의 위상마저 재고해야 한다는 급진적인 주장마저 제기되는 결과를 빚었다. 그러나 지식을 정당화된 참인 믿음으로 받아들이는 한에서는 '정당화'를 해명하는 문제를 인식론의 과제이자 목표로 받아들이지 않을 수 없었으며, 실제 그 결과로 인식 정당화 개념을 어떻게 분석할 것인가를 두고 다양한 견해와 이론이 성립되게 된다. 이제 현대 인식론에서 가장 중요한 과제로 등장한 '인식 정당화' 개념을 해명하는 문제는 원래 게티어의 문제를 해결하려는 목적에서 출발한 것이기는 하지만 그 문제를 둘러싼 논의가 이전의 전통적인 논의와는 전혀 다른 양상을 보이게 된다.

인식론에서의 정당화 문제가 이토록 핵심적인 논의로 자리잡게 된 이유는 무엇보다도 세계와 인간을 연결시키는 통로의 구실을 한다고 여겼기 때문이다. 그러한 세계와 인간의 가교로서의 인식 정당화를 대상세계에 대한 인간의 조직적 대응이라는 차원에서 생각해 본다면 투명한 세계상을 확보하기 위한 장치로 이해할 수 있을 것이다. 이른바 인간이 이 세계와 다양한 관계를 맺으면서 적합한 생존 조건을 형성하고 때로는 자연에 대해 체계적이고도 조직적으로 대응하려는 노력의 이면에는 이른바 '자연의 거울'로서의 올바른 세계상이 반영된 우리의 믿음을 확보하려는 데서 비롯된 것임에 분명하다. 이는 곧 인간의 생존적 차원에서 예측가능한 투명한 미래상을 확보하기 위한 것으로 이해할 수 있을 것이다. 우리는 바로 이러한 올바른 세계상이 반영된 믿음의 특징에 대해 '확실성', '보편성' 혹은 '객관성' 등의 의미를 부여해 온 것이다. 그렇게 보았을 때, 이와 같은 속성을 갖는 앎에 대해 우리가 관심을 기울이는 것은 인간의 본성상 지극히 자연스러운 일이라고 해야 할 것이다.

내가 앎에 대한 철학적 접근으로서의 인식론이라는 주제에 관심을 갖기 시작한 것은 대학원 석사과정 때이다. 그러니 벌써 17년 이상이 된 셈이다. 이러한 관심을 토대로 게티어 문제로부터 비롯되는 현대 영미인식론의 전반적인 흐름에 대한 소개와 아울러 특히 전공자에게는 인식론의 다양한 관점을 제공하고자 이 책을 쓰게 되었다. 이 책에는 외재론, 내재론뿐만 아니라 토대론, 정합론, 증거론, 신빙주의 등 다양한 이론들이 등장한다. 물론 여기에서 나는 나름의 관점에 따라 각각의 이론에 대해 평가하고 때로는 특정한 견해를 옹호하는 데 주저하지 않았다. 아마도 독자는 이러한 흔적을 여기저기서 확인할 수 있을 것이다. 그래서 여러 견해를 균형 있게 제시하는 입문적 방식을 가급적 지양하고, 각 이론들 간의 논쟁을 추적하는 과정에서 해당 이론이 갖는 본성적 측면을 드러내고자 했다. 이는 공평무사한 관점에 따라 철학적 논의가 이루어진다는 것 자체가 불가능할 뿐만 아니라, 그러한 관점에 따른 구성이 독자들에게 철학적 사고 훈련을 하는 데도 결코 도움이 되지 않을 것이라는 판단 때문이다. 비판적 관점을 견지하면서 논증을 구성하려는 독자들에게는 어느 정도 도움이 될 수 있으리라 확신한다.

이 책은 나의 박사학위 논문『인식적 정당화의 내재론·외재론 논쟁에 관한 연구』를 근간으로 하고 있는데, 5장의 경우는 한국과학철학회에서 발표한『인식론에서의 자연화 그 철학적 함축』을 이 책의 구조에 맞추어 부분적으로 손질한 것이다. 하지만 그 논지는 앞 장에서 제시한 논의와 중첩되기도 한다. 물론 이 책을 준비하는 과정에서 원고 청탁과 함께 학회 및 연구소에서 부분적으로 발췌하여 발표한 부분도 있기 때문에, 특정 부분은 이미 발표된 논문들과 중복된다는 점 아울러 밝혀둔다.

끝으로 이러저런 일에 쫓기어 가정에 전혀 신경을 쓰지 못함에도 불구하고 직장에 다니면서 아이들을 도맡아 키우며 사랑과 믿음으로 나를 격려해 준 아내 신선희에게 고마움을 전한다. 또한 여러 어려운 상황에도 불구하고 이 책이 나올 수 있도록 계기를 마련해 주고 협조를 아끼지 않은 한국학술정보(주) 출판팀에 깊은 감사를 드린다.

2006년 8월
내리 연구실에서
홍병선

목 차

제1장
현대 인식론의 과제와 흐름

 규범적이고 선험적인 방식을 통한 철학 고유의 독자적인 영역이 별도로 존재한다는 생각이 점점 더 퇴색해 가고 있다는 것이 현대 철학 전반이 처해 있는 일반적인 상황일 것이다. 이러한 흐름은 특히 현대 인식론을 둘러싼 논의에서도 최근 자연주의적 경향의 대두와 함께 다양한 논의를 통해 확인할 수 있다. 갈수록 많은 철학자들이 이제는 철학의 각 고유 영역의 쇠퇴라는 흐름을 이제는 자연스럽게 받아들이려는 것 같다. 그럼에도 불구하고 전통적인 철학의 고유한 영역을 어떻게든 고수하려는 철학자들 또한 적지 않다. 그들은 어떠한 것이 되었든 각 영역 간의 한계는 분명히 있는 것이고, 특히 철학의 경우에 있어서도 여타의 다른 영역과는 별개라고 보기 때문에, 그와 같은 고유 영역만큼은 반드시 지켜져야 한다는 입장을 견지하고 있는 것으로 보인다. 현대 인식론을 둘러싼 논의에서도 새로운 인식론의 도전에 대해 전통적인 인식론의 고수라는 입장에서 이와 같은 모델을 잘 반영하고 있다.
 전통적인 인식론의 입장과 그에 도전하는 새로운 자연주의적 입장 간의 대립은 게티어(E. Gettier)의 문제로부터 출발한다. 따라서 게티어의 문제가 갖는 의의를 다시 따져보고, 그로부터 어떻게 두 입장 간의 대립이 파생되는지를 살펴보는 것이 바람직할 것이다. 게티어의 문제는 '앎 혹은 지식(knowledge)이란 무엇인가?'라는 물음과 관련이 있다. 전통적으로 그 물음에 대한 표준적인 답변은 '정당화된 참인 믿음(justified true belief)'을 '지식'과 동일시할 수 있다는 것이었다. 다시 말해 정당화된 참인 믿음을 갖는 경우 또 그 경우에 한해 우리는 안다고 할 수 있다는 것이다.[1]

지식의 분석에 관한 표준적인 답변에서 지식을 이루는 세 가지 요소 가운데 믿음(belief)이란 무엇이며, 믿음에는 어떠한 것들이 있는지 등에 관한 문제는 인식론보다는 심리철학에 속하는 주제라 할 수 있다. 또한 진리(truth)의 본성에 관한 철학적 분석은 형이상학 내지 진리론에 속한다. 따라서 고유하게 인식론에 속하는 문제는 인식적 정당화(epistemic justification)에 관한 문제라고 할 수 있다.[2][3] 인식론이 기본적으로 규범학의 성격을 벗어

---

1) 지식의 표준 분석과 관련하여, 게티어 이후 대표적인 토대론자인 치즘(Roderick Chisholm)은 *Theory of Knowledge* 제1판에서 "S가 t시점에서 h가 참임을 안다(S knows at t that h is true)"에 대한 분석에서, (1) S는 t시점에서 h라고 믿고 있다(S believes h at t), (2) h는 참이다(h is true), (3) h는 t시점에서 S에게 명백하다(h is evident at t for S)로 제시하고 있는데, 이러한 그의 분석은 게티어의 반례를 염두에 둔 것으로 보인다. R. Chisholm(1966), 16쪽.
2) 그런데 이십세기 중반 이후 전통적인 규범적 인식론의 입장과는 별도로, 기술적인 접근이 되살아나게 된다. 이러한 움직임은 인식론에서의 자연주의적 경향인데 그러한 운동에 찬동하는 철학자들은 정당화 개념을 합리적으로 재구성하는 것을 전면적으로 거부하고 그러한 목표는 포기되어야 마땅하다고 주장한다. 김효명(1994), 175~177쪽 참조.

날 수 없다는 것이 전통적인 인식론의 핵심적인 주장이다. 그래서 그들은 앎을 이루는 세 가지 요소 가운데 규범적인 개념은 오직 '정당화'밖에 없다고 생각해 왔고, 인식론의 문제란 철학적으로 다루어야 할 문제이지 심리주의적으로 접근해서는 안 된다고 주장한다.

이 세계에 대한 거짓이 아닌 참인 정보를 받아들이는 것이 어떤 사람의 앎을 형성하기 위한 일차적인 조건이 됨은 말할 필요도 없다. 여기에 또다시 '정당화(justified)'라는 조건을 포함시키는 이유는 무엇일까? '정당화 조건'이 지니는 역할은 하나의 믿음과 그 믿음의 참 간의 어떤 관계를 확보하기 위한 장치로서의 역할이라고 할 수 있다. 다시 말해 한 믿음이 우연적으로 참이 되는 것을 방지하기 위한 장치인 셈이다. 왜냐하면 어떤 믿음이 우연하게 참인 것으로 확인되었다면 그것을 앎이라고 부를 수는 없을 것이기 때문이다. 이러한 장치를 요구하는 것은 정당화를 통

---

3) '안다'는 말과 관련하여 우리는 "그 낱말을 비롯하여 그것과 관련된 인식적 용어들의 의미가 무엇인가?"라는 물음과 "우리가 아는 것을 어떻게 알게 되는가?"라는 물음도 제기할 수 있다. 그러나 레러(K. Lehrer)도 언급하고 있듯이 후자의 물음은 철학에 속한다기보다는 오히려 학습 이론이라고 하는 심리학에 속하는 물음으로 보아야 할 것이다. 또한 전자의 물음은 우리가 어떤 것을 안다고 했을 때, 이를 충족시켜야 할 조건이 무엇인지에 관해 설명하는 이론이 아닌 한에 있어서는 언어학적인 물음에 불과할 것이다. 레러에 의하면 지식이 되는 조건들을 명확하게 밝히고 그 조건들이 어떻게 충족되는지를 설명해야 지식 이론을 구성하게 되는데, 그 조건 가운데 정당화만이 고유하게 인식론적인 개념을 구성한다. Lehrer(1990), 28쪽 참조. 이 밖에도 앎과 관련된 인식론적인 물음으로서 "우리가 알 수 있는 것이 있는가?"라는 인식의 가능성에 관한 물음을 들 수 있는데 이 물음은 이 글의 관심사가 아니다.

해 한 믿음과 참 간에 인식론적으로 적절한 관계가 보장되어야
한다는 생각을 반영하는 것이다.

그러나 게티어의 논문4)이 발표되면서 정당화가 믿음과 참 사
이의 적절한 인식적 관계를 확립해 주지 못한다는 생각이 널리
확산되었다. 동시에 앎에 대한 전통적인 표준 분석에 대한 게티
어의 반례는 인식론의 현대적 논의에 출발점을 알리는 중요한
계기를 형성한 것으로 보인다. 게티어의 반론에 직면해서 그 해
결책을 요구하는 목소리가 다양하게 제기되었는데, 그 대부분은
믿음과 참 간의 적절한 관계를 완벽하게 보장할 수 있는 추가적
인 조건을 찾을 것에 대한 목소리였다. 이러한 요구에 응해 추가
적인 정당화 조건이 반복해서 제시되었지만 그러한 조건들은 게
티어의 반례와 같은 새로운 반례들이 제시됨으로써 여전히 미흡
한 것으로 드러나던가 아니면 우리가 받아들이기에는 지나치게
강한 것으로 확인되었다. 예를 들어 '거짓 전제의 배제 조건'은
우리가 일상적으로 안다고 인정하지 않으면 안 될 경우조차도
안다고 할 수 없게 만들고 있다. 물론 게티어의 반례를 통해 지
식에 대한 전통적인 분석에 문제가 있음을 확인할 수 있는 계기
가 되기도 했지만, 그에 따른 극복의 과정에서 오히려 더 많은
문제를 증폭시키기도 했다는 점을 다시금 확인할 수 있다. 따라
서 인식 정당화론이 지식을 단순히 정의하는 것에 초점을 맞추
기보다는 우리가 일상적으로 받아들일 수 있는 조건의 탐구에
더 많은 비중을 두어야 한다는 관점의 반영일 것이다. 또한 게티
어의 문제에 대한 극복 과정을 통해 우리가 더 음미해 보아야 할

---

4) Gettier(1963).

점이 있다고 한다면, 그것은 지식의 단일망을 제거해 버리려는
시도와 진정한 의미의 지식이 되기 위해서 그 지식의 성격이 무
엇이어야 하는지에 대한 반성의 계기를 동시에 제공해 주었다는
점에 있다. 그래서 이러한 계기들에 대해 보다 올바르게 이해한
다면, 주어진 문제에 대해 단순히 그 해결책을 제시하는 것만이
능사가 아님을 알 수 있다.

 게티어의 문제를 극복하기 위해서는 무엇보다도 인식적 정당
화의 의미를 명료하게 하지 않으면 안 될 것이다. 한 믿음의 정
당화에 대한 인식론자들의 공통된 생각은 여기서 말하는 정당화
가 단순히 '타당한 근거를 가지고 있음'이 아니라 '타당한 근거
에 의해 뒷받침됨(to be based on the adequate ground)'을 의미해
야 한다는 것이다. 여기에서 유의해야 할 것은 타당한 근거에 의
해 뒷받침된 믿음이 단순히 타당한 근거가 있는 믿음을 의미하
지는 않는다는 점이다.5)

---

5) 이와 관련하여 알스톤(William P. Alston)은 '믿음이 정당화되는 것'과
 '믿음을 정당화시키는 것' 간의 구분 또한 선명하게 제시하고 있는데,
 이에 대해 알스톤은 다음과 같이 말하고 있다. "우리는 어떤 사람이 p
 를 믿음에 있어서 정당화되는 것(one's being justified in believing that p)
 과 p라는 어떤 사람의 믿음을 정당화시키는 것(one's justifying one's
 belief that p) 간에 혼란을 말끔하게 처리해야 한다. 여기에서 후자는 p
 를 보여주기 위하거나 혹은 어떤 사람의 믿음이 정당화된다는 것을 보
 여주기 위한, 혹은 정당화를 드러내기 위해 그 사람이 어떤 것을 수행
 하고 있다는 것을 함축한다. 반면에 첫 번째는 어떤 사람이 행하는 어
 떠한 것도 아니며 그에 따른 어떠한 결론도 아닌, 그 사람 내부에 있는
 상태나 조건(state or condition one is in)을 의미한다. 비록 책상 위에 우
 유가 있다는 것을 보여주거나 혹은 내가 거기에 있는 것을 믿음에 있
 어 정당화된다는 것을 보여주는 것과 무관하다고 할지라도, 책상 위에
 우유가 있다는 것을 믿음에 있어 정당화될 수 있는 것은 그것이 거기

그렇다면 '뒷받침 관계'를 보다 분명하게 이해해야 할 것이 요구된다. 한 믿음이 정당화되기 위해서는 그 믿음에 대한 타당한 근거가 있어야 하지만 그것만으로는 정당화 조건을 충족시킬 수 없다. 이 점을 다음의 예를 통해 생각해 보자.[6] 민수는 p를 믿고 동시에 p→q 역시 믿고 있다. 민수는 또한 q라고 믿는다. 그런데 민수가 q를 믿게 된 것은 q라고 말할 때 소리에 매료된 때문이었을 뿐 p와 p→q에 대한 그의 믿음과는 아무 관련이 없었다. 이 경우 q에 대한 민수의 믿음은 정당화되었다고 말할 수 없다. q에 대한 민수의 믿음은 p에 대한 믿음과 p→q에 대한 믿음으로부터 논리적으로 귀결될 수 있으며 따라서 q에 대한 타당한 근거를 민수가 지니고 있는 것은 사실이지만 그 근거가 실제로 믿음 q에 대한 근거의 구실을 하고 있지 못하기 때문이다. 즉, 하나의 믿음이 정당화되기 위해서는 그 믿음에 대한 타당한 근거가 있어야 할 뿐만 아니라 그 근거에 의해 뒷받침되어야 할 것이 요구되는 것이다.

정당화된 믿음이 이처럼 '타당한 근거가 있을뿐더러 바로 그 근거에 의해 뒷받침되는 믿음'을 의미한다고 했을 때, 인식적 정당화를 규명하려는 과제는 '타당한 근거'는 무엇이고, '뒷받침됨'

에 있다는 것을 내가 보고 있기 때문이다. …… 이러한 구분을 통해 '정당화된(be justified)' 것에 관심을 기울일 것이다. 왜냐하면 그것은 보다 근본적인 인식론적 관심거리이기 때문이다. 만일 인지자가 '정당화'를 수행하는 그러한 경우로 인식적 정당화를 제한한다면, 그것은 명백히 지식의 필요조건이 되지 않거나 혹은 지식을 획득하는 강한 입장에 있지도 않을 것이다. 말하자면, 대부분의 지각적 지식의 경우에 그러한 어떠한 활동도 포함하지 않는다." Alston(1985), 23~24쪽 참조.
6) Kornblith(1980), 제3절에 제시된 예를 정리하여 옮긴 것임. 599쪽 참조.

의 의미가 무엇인지를 해명하는 작업으로 이어질 수밖에 없을 것이다. "무엇이 인식적 정당화를 위한 타당한 근거가 될 수 있는가?" 또한 "타당한 근거에 의해 뒷받침된다는 것은 무엇인가?"에 답하는 것이 인식적 정당화론의 핵심적인 과제가 된다. 게티어의 반론이 제기하는 문제도 타당한 근거에 의해 뒷받침되었다는 의미에서의 정당화의 개념을 어떻게 완성시킬 수 있는가 하는 것으로 볼 수 있다. 따라서 게티어의 문제에 대한 해결에 있어서도 타당한 근거에 따른 뒷받침 관계에 대한 해명 작업이 필수적임을 알 수 있고, 이러한 과제를 통해 꼬인 문제의 해결을 위한 돌파구를 찾을 것으로 기대되었다.

주지하는 것처럼 타당한 근거에 의한 뒷받침 관계를 해명함으로써 게티어의 문제를 극복하려는 시도는 만족할 만한 뒷받침 관계를 보장할 만한 추가적인 조건을 찾으려는 노력으로 나타났다. 그러나 새롭게 제안된 추가적인 조건에 대해 번번이 게티어의 반례와 같은 새로운 반례가 제기되었으며, 또 그때마다 그 조건을 강화하려는 노력이 뒤따르는 과정이 반복되었다. 게티어의 문제를 해결하기 위해 심혈을 기울인 전통적인 인식론자들의 공통적인 전제는 하나의 믿음이 타당한 근거에 의해 뒷받침되기 위해서는 인식 주관이 타당한 근거가 되는 믿음도 지녀야 할 뿐만 아니라 그 믿음과 그것에 의해 정당화되는 믿음 간의 정당화 관계에 대한 믿음도 지녀야 한다는 것이다. 다시 말해 그들은 게티어의 문제를 극복하기 위한 조건을 언제나 믿음이라는 인식 주관의 내재적인 심적 상태에서 찾았던 것이다. 그러한 의미에서 이들을 내재론자라고 할 수 있다. 그러나 내재론적인 입장에서 뒷받침 관계를 해명하려는 이들의 시도가 번번이 결정적인 반례에 직면함에 따라 실패로 돌아갈 위기에 처한 것을 목격한 다른 일단의 인식론자들은 한 믿음이 정당하게 뒷받침되기 위해서는 뒷받침 관계에 대한 인식 주관의 의식이 필수적이라는 내재론자들의 전제에 의문을 던지기 시작했다. 이들은 한 믿음을 정당화하는 근거가 인식 주관의 내재적인 요소와는 관계가 없다고 주장하였다. 이들을 외재론자라고 부르는 이유도 바로 여기에 있다.

현대 인식론은 이처럼 뒷받침 관계를 어떠한 방식으로 해명하는가에 따라 전통적인 내재론적인 입장과 그에 도전하는 새로운 입장 간의 대립으로 정리할 수 있다. 내재론적 입장에서는 한 믿음을 정당화하기 위해서는 반드시 뒷받침 관계를 인식 주체가 의식하고 있어야만 한다. 다시 말해 뒷받침 관계에 대한 인식 주체의 의식적인 개입이 한 믿음의 정당화에 관건이 된다는 것이다. 뒷받침 관계에 대한 의식적 개입은 내재론의 본질적인 부분을 이루기도 하지만 동시에 내재론에 도전하는 새로운 입장, 외재론이 대두되는 동기를 제공하기도 한다. 외재론자들의 도전은 의식의 개입을 통해 한 믿음을 정당화하려는 한 결코 지식의 본성을 규명할 수 없을뿐더러 무엇보다도 하나의 믿음이 정당화된다고 하더라도 여전히 실재와 괴리될 가능성이 있을 수밖에 없다는 우려에서 출발하고 있다. 최근 외재론이 적지 않은 성공을 거두고 있는데 이에 고무된 외재론자들은 인식적 정당화를 해명하기 위한 내재론적 접근 방식이 이제 한계에 도달했으며 따라서 외재론의 도전은 이제 피할 수 없는 대세가 되었다고 호언하고 있다.

그렇다면 외재론에서는 '뒷받침' 관계를 어떻게 해명하고 있는가? 그 관계를 해명함에 있어 외재론자들은 근본적으로 인식 주관의 의식적 상태에 호소할 것을 거부한다. 따라서 그들이 취할 수 있는 길은 뒷받침하려는 믿음과 외부 사실과의 관계에 의거하여 정당화 관계를 해명하는 것이다. 외재론자들에 의하면 하나의 믿음이 정당화되는 것은 인식 주체가 어떤 적절한 의식적 상태에 있을 때가 아니라 그 믿음이 관련된 외부의 사실과 어떤 적절한 관계, 즉 인과적 관계에 있게 될 경우 또 오직 그 경우에 **한한다**는 것이다. 이러한 외재론자들의 생각은 지금까지 인식론자들이 지녀온 통념을 완전히 뒤엎는 것으로서 전통적인 인식론적 입장에 내재해 있는 본질적인 결함을 메우는 데 어느 정도 성공을 거두고 있는 것도 사실이다.

여기서 우리는 외재론자들의 견해를 그대로 받아들일 수밖에 없는가 하는 의문을 제기하지 않을 수 없다. 의식의 개입에 따른 내재론적 정당화를 통해서는 우리의 지식이 반드시 진리를 반영할 수 없다는 외재론자들의 지적을 전면 수용한다면 우리는 전통적인 내재론적 견해를 배격해야 할 것이다. 그러나 한 믿음의 정당화는 인식 주관의 의식적 개입 없이는 불가능하다는 내재론자들의 본질적 입장을 고수한다면 외재론자들의 도전은 받아들일 수 없을 것이다. 내재론자들이 자신들의 입장을 고수하려는 데는 그만한 이유가 있다. 그들은 지식에 관한 이론으로서 인식론은 엄연히 규범적인 성격을 갖는다고 생각한다. 이것은 곧 인식적인 정당화가 규범적인 개념임을 의미한다. 그러나 인식 주관의 의식적 개입에 호소하지 않는 정당화의 개념, 특히 외재론자들이 주장하는 정당화의 개념은 규범적인 성격을 지닐 수 없으며 따라서 인식론이 규범적인 학문의 성격을 벗을 수밖에 없다는 것이다. 이러한 내재론자들의 주장이 옳다면 외재론자들의 정당화의 개념 또한 만만치 않은 문제점을 내포하고 있다고 해야 할 것이다.

전통적인 내재론적 인식론과 이에 도전하는 새로운 외재론적 입장 간의 대결의 향방은 어느 편이 상대방이 제기하는 문제점을 효과적으로 봉쇄하고 자신의 본질적인 입장을 고수할 수 있는가에 의해 좌우될 것이다. 다시 말해 내재론자들로서는 그들의 입장에서 정당화된 믿음이 반드시 객관적인 실재를 반영한다고 말할 수 없다는 외재론자들의 비판에 대해 적절한 답변을 해야 할 것이며, 그렇게 함으로써 인식론이 독자적인 학문적 성격을 지닐 수 있음을 입증해야 할 것이다. 이에 반해 외재론자들은 그들의 정당화의 개념이 결코 규범적인 성격을 갖지 않는 것이 아니라든가 혹은 인식론이 반드시 규범적인 학문이어야 할 필요가 없다는 것을 효과적으로 논증해야 할 것이다.

여기서 인식론적 내재론·외재론 논쟁과 자연주의 인식론을 둘러싼 논쟁 간의 관계에 대해 짚고 넘어가야 할 필요가 있다. 그 두 논쟁은 성격상 원칙적으로 서로 다른 논의라고 할 수 있다. 왜냐하면 전자의 논쟁은 성격상 분석적 인식론 테두리 내에서 '정당화'의 성격에 관한 논쟁이라고 한다면, 후자는 분석적 인식론의 근간이 되는 합리적 재구성이 과연 유지될 수 있느냐의 가능성 여부에 관한 문제이기 때문이다. 후자의 입장은 과연 철학이 과학과 연장선상에서 이해될 수 있느냐의 물음과 관련되기 때문에 인식적 정당화론을 둘러싼 논쟁과는 그 성격을 달리한다는 점이다.

하지만 논쟁의 성격에 있어서는 구분될지 몰라도 그 본질적인 내용에 있어서만큼은 확연하게 구분되는 것만도 아니다. 특히 외재론의 성격이 갖는 배경은 자연주의로부터 비롯된 것임을 알 수 있다. 특히 외재론에서 사용되는 개념은 곧장 자연주의에서 연원하고 이를 통해 정당화 가능성을 타진하고 있음을 알 수 있다. 이처럼 자연주의적 개념의 도입을 통해 외재론적 정당화를 유지하려는 측면에서 볼 때, 그 이론적 특성을 규정짓는 개념상의 문제에 있어서만큼은 양자가 그 성격을 달리하지 않는다.[7]

　내재론과 외재론 간의 갈수록 치열해지는 대립은 인식론자들로 하여금 그중 어느 한 진영에 가담할 것을 은연중 강요하는 경향이 있어 왔다. 이러한 경향은 또한 양 진영 간의 대립을 더욱 조장하는 피드백 현상을 부채질하고 있다. 특히 콰인(W. V. O. Quine) 이후에 가열된 현대 인식론의 두 입장 간의 대립은 논쟁의 과정을 통해 인식론의 논의에 많은 새로운 요소를 도입시킨 것은 물론이고, 여러 이론이 안고 있는 문제의 성격을 보다 선명하게 부각시키는 긍정적인 효과를 낳고 있는 것도 사실이다. 그러나 보다 근본적인 문제에 있어 아직도 해결되지 않고 있는 미진한 부분이 있는 것도 분명한 사실이라고 생각된다. 그 이유는 논쟁의 양 진영에 가담한 인식론자들이 상대 진영에 대한 비

---

7) 레러는 외재론의 전략이 자연주의와 직접적인 연관성을 갖는다고 명시적으로 주장하고 있다. 예를 들어 그는 다음과 같이 주장한다. "지식이 되는 데 필요한 관계가 인과관계와 같은 일종의 법칙적인 것으로 전제한다면, 외재론자의 이론은 자연주의 이론에 다름 아니다. …… 믿음에 관한 흄(D. Hume)의 이론은 이런 의미에서 자연주의 이론이다. 그는 지식을 설명하면서 인과 관계, 근접 관계, 유사 관계로 한정된 이론을 전개하였다." Lehrer(1990), 295~297쪽.

판에만 급급한 나머지 상대방 입장에 대한 보다 철저한 이해를 결여한 채 성급한 평가와 비판에 나선 데서 비롯된 것으로 생각된다. 따라서 양 진영 간의 대립을 정확한 관점에서 바라보기 위해서는 문제되는 두 견해의 이론적인 성격을 올바르게 파악하는 것이 무엇보다 중요하다고 생각한다. 이 책의 문제의식도 바로 여기에서 출발하고 있다.

이 책에서는 우선 두 인식론적 견해가 갖는 이론적 성격을 보다 정확하게 부각시키기 위하여 인식적 개념을 명료화하는 것은 물론 이를 통해 두 가지 인식론이 지니고 있는 장단점을 여러 각도에서 분석할 것이다. 다시 말해 이 글은 외재론과 내재론 간의 대립을 논쟁에 국한하여 다루기보다는 두 입장 간의 대립이 무엇 때문에 비롯된 것인지 그 이유를 추적해 나감으로써 두 이론이 갖는 근본적인 취약점이 어디에 있는지를 드러내는 데 일차적인 목적을 두고 있다. 그렇다고 해서 그 말이 두 이론 사이에서 중립적인 입장을 견지하겠다는 것을 의미하지는 않는다. 다른 경우와 마찬가지로 외재론과 내재론 간의 논쟁에 있어서도 논쟁에 적극적으로 개입하고 있는 인식론자들은 자신들의 입장을 옹호하는 데만 급급한 나머지 자신들이 안고 있는 중요한 결함을 제대로 간파하지 못하는 경향이 없지 않다. 특히 외재론자들에 있어 그러한 경향은 뚜렷한 것으로 보인다.

이 책은 우선 내재론과 외재론자들의 입장이 근본적으로 중요한 차이를 포함하고 있다는 것을 인정하면서도 다른 한편으로는 중요한 인식적 개념에 대해 내재론자들은 말할 것도 없거니와 외재론자들이 제시한 분석도 그리 만족스럽지 못하다는 것을 전제하고 있다. 그러한 분석들이 어째서 만족스럽지 못하게 생각되는지 그 이유를 명료하게 밝히는 것이 이후의 논의에서 중요한 부분을 이룰 것이다. 그러한 해명을 통해 전통적인 입장에 대한 외재론자들의 비판이 중대한 오류를 포함하고 있다는 것이 드러나게 될 것이며, 이와 함께 내재론자의 관점도 보다 선명하게 부각될 것이다. 인식적 개념에 대한 외재론적인 분석에 집착한다면 인식 정당화론이 출발된 본래의 철학적 관심을 배제하는 결과를 초래할 것이며 따라서 외재론자들의 입장은 결국 인식론의 영역에서 스스로 벗어나는 결과가 될 것이다.

외재론과 내재론이 서로 화해할 수 없는 이유가 있으며 그러한 결과를 초래한 책임의 상당 부분이 외재론에 있다고 한다면, 외재론자들은 그들이 한사코 거부해 온 전통적인 인식적 개념을 그들 안으로 끌어들여 적절한 변형도 얼마든지 가능할 것이다. 만일 그러한 노선마저도 거부하고 무작정 종래의 입장만을 고수한다면, 외재론은 치즘의 말대로 스스로 자가당착에 빠지거나 혹은 아무런 내용도 담고 있지 않은 공허한 이론(empty theory)에 불과할 수 있을 것이다.[8] 한마디로 내재론과 외재론이 직면한 상황을 있는 그대로 드러내기 위해서는 두 견해의 배경을 추적해 보는 것이 무엇보다 중요할 것이고, 또한 그러한 작업을 위해서는 인식적 개념을 두 입장에서 어떻게 해명하고 있는가에 관한 논의에서 그 출발점을 삼을 수 있을 것이다.

지금까지 근 20여 년 이상 지속된 내·외재론자들 간의 논쟁

---

8) Chisholm(1989), 77~84쪽 참조.

을 통해 인식 정당화론이 지향하는 목표점에 어느 정도 도달했다고 할 수 있을 것이다. 그렇다고 하더라도 그 대립의 성격이 갖는 중요성에 비추어 미진한 부분이 아직도 적지 않게 남아 있는 것 또한 엄연한 사실이라고 해야 할 것이다. 그러한 미진한 부분을 보다 분명하게 밝히는 작업이 이 책에서 수행하게 될 주된 과제가 될 것이다. 그 과정에서 내재론이나 외재론의 입장을 서로 적절히 보완하지 않더라도 독자적으로 충분히 인식론의 문제를 해결할 수 있다는 사고는 잘못이라는 것 또한 자연히 드러나게 될 것이다.

제2장은 인식 정당화의 성격과 정당화 전략이라는 주제로 구성되는데, 여기에서는 정당화의 성격에 관한 다양한 해명이 시도될 것이고, 특히 인식 정당화의 오류 가능성에 대해 검토함으로써 정당화 전략의 기본 틀이 제시될 것이다. 이러한 전략적 구상을 토대로 문제가 되는 '정당화의 본성'에 관한 규명과 아울러 이를 통해 두 입장으로 대별될 수 있음을 밝힌 후 게티어의 문제를 극복하는 과정에서 형성된 두 견해의 특징과 대립 양상을 살펴볼 것이다. 또한 게티어의 문제를 극복하는 과정에서 드러나는 답변 방식에 따라 인식 정당화의 견해가 달라질 수 있음을 아울러 검토하게 될 것이다. 더 나아가서 한 믿음의 참임이 우연적으로 이루어지는 것을 방지하기 위한 개념적 장치로 설정된 '타당한 근거에 의해 뒷받침되어야 한다는 조건'을 해명할 것이다. 이에 따라 다양한 견해로 드러날 수 있음을 보일 것이고, 이러한 다양한 견해가 크게 네 가지로 포섭될 수 있음을 밝힌 후 인식 정당화론의 목표와 관련하여 크게 두 가지 견해로 압축될

수 있음을 보이고자 한다. 따라서 대립의 이유가 어디에 있느냐에 따라 '진리 지향적 견해'와 '믿음 발생적 견해'가 뚜렷하게 대별될 수 있음을 보이고자 한다. 그와 같은 분류의 의의와 목적을 밝힘으로써 두 견해에 대한 보다 심도 있는 이해를 돕게 될 것이고, 이후에 전개되는 두 견해의 대립 양상을 이해함에 있어 적절히 기여하게 될 것이다.

제3장에서는 이 책의 핵심적인 주장 가운데 하나를 담고 있다. 2장에서 분류한 성과를 토대로 내재론의 의미와 성격을 구체적으로 밝히는 것이 전반부를 이룬다면 나머지 부분에서는 내재론이 가장 큰 부담으로 안게 되는 무한소급의 문제를 다루게 될 것이다. 여기에서는 '접근'의 개념을 둘로 구분하여 소급의 문제에 대한 해결의 가능성을 모색하게 될 것이다. 그 결과 외재론자의 주장 역시 소급에 예외일 수 없음이 드러나게 된다. 더 나아가서 소급의 문제에 대한 내재론의 답변에서 진정한 인간의 지식으로 '합리성'을 전제할 경우 얼마든지 그 차단효과를 지닐 수 있음도 아울러 밝히고자 한다.

제4장에서는 외재론적 구상과 그 전략을 골드만의 견해를 중심으로 다양한 반론에 직면하여 이를 극복해 나가는 과정을 통해 살펴보게 될 것이다. 특히 신빙론에 제기되는 반론을 외재론적 전략의 본성과 결부시켜 그 의의를 함께 다루고자 한다. 외재론에 대해 묻게 되는 핵심적인 것 가운데 하나인 '규범성'을 둘러싼 문제에 대해 논쟁적인 방식을 통해 구체적으로 다루어지게 될 것이며, 외재론이 극복 대안을 결국 모색할 수밖에 없는 것으로 평가되는 내재적 합리성의 문제 역시 아울러 다루어지게 된

다. 인식적 개념상의 문제에 관해 외재론이 궁극적으로 이를 해결하기 어렵다는 점 역시 밝히고자 한다. 결국 외재론에 남겨진 과제는 내재론에 대한 부분적인 수용이나 또 다른 전략상의 전환이 이루어져야 하는 이유에 대해 밝히는 것이다. 동시에 내재론 역시 외재론의 주장을 진지하게 받아들여야 한다는 당위성도 아울러 밝히고자 한다.

제5장에서는 다음의 두 가지 측면을 겨냥하고 있다. 하나는 재평가의 차원에서 전통적인 인식론의 맥락에 따른 콰인의 위상에 대한 재고와 관련된 문제이다. 콰인이 1969년 그의 논문에서 비록 '인식론의 자연화'라는 개념을 명시적으로 언급하고 있기는 하지만, 그것은 1967년에 골드만이 게티어의 문제에 대한 수습책으로 이미 제시한 견해와 인식론적으로 그 내용상 동일하기 때문에(양자가 전통적 인식론이 안고 있는 문제에 대한 동일한 해결책이라는 측면에서) 콰인의 입장에 그리 특별한 위상을 부여할 이유가 없다는 것이다. 다른 하나는 인식론의 자연화가 인식론적으로 그 의의가 있다고 하더라도, 결국 전통적인 인식론의 본질적 측면인 내재적 속성을 반영해 낼 수 없다는 치명적인 결함을 안고 있기 때문에, 이에 대한 답변의 부담을 안을 수밖에 없다는 점에 대해 밝히고자 한다.

이 책의 전편을 통해 제기되는 주된 문제의식은 다음과 같다. 특정한 입장의 옹호 혹은 반론이라 할지라도 논쟁의 성격에 대한 이해와 개념상의 문제에 대한 뚜렷한 이해가 선행되지 않을 경우 인식론이 지향하는 목표에 도달함에 있어 상당 부분 제한이 뒤따르게 될 것이라는 점이다. 인식 정당화는 결국 의식의 문제일 수밖에 없다든지, 혹은 실재의 반영일 수밖에 없다는 주장만을 고집한다면, 결국 양분법적 인식론을 그대로 노출시키거나 더 나아가 고착시키는 결과만을 초래하게 될 것이다. 전자의 견해만으로 그 가능성을 찾을 경우 세계상의 반영이라는 핵심적인 사안을 놓치게 되고, 후자의 관점만을 고집하는 것도 인간의 '의식'이라고 하는 부분을 얼마든지 배제시킬 수 있기 때문이다. 인식 정당화의 문제는 두 가지 관점을 공히 그 고려의 대상에 포함시켜야 할 것이고, 그래야만 인식론이 지향하는 목표를 반영하는 결과로 드러나게 된다는 점이다.

제2장

인식 정당화의 성격과 정당화 전략

1. 인식 정당화의 성격과 과제

인식론에서 가장 핵심적인 개념으로 자리잡아 온 '정당화(justification)' 개념은 무엇보다 그 자체로 명확한 의미를 제시하는 것부터가 쉽지 않다. 일반적으로 '정당화'라고 하면, 어떤 기준에 대해, 그러한 기준을 만족시킬 수 있는 근거를 제시하는 것으로 이해할 수 있을 것이다. 어떤 주어진 기준을 만족한다는 의미에서 정당화라는 개념은 문제의 기준에 입각하여 그 타당성을 가려내는데 기여한다는 측면에서 당연히 평가적인(evaluative) 혹은 규범적인(normative) 개념이 될 것이다. 왜냐하면, 옳고 그름은 주어진 행위에 대한 평가적 개념들로서, 주어진 대상의 성질을 있는 그대로 기술하는 서술적(descriptive) 개념과는 구분되기 때문이다.

인식적으로 정당화된 믿음은 타당한 근거라고 하는 기준에 입각한 믿음이라는 의미에서 '인식론적으로 허용 가능한(permissible)' 믿음이다. 반대로 그 어떠한 근거에 의해서도 뒷받침되지 않았다는 의미에서 정당화되지 않은 믿음은 인식론적으로 믿는 것이 허용되지 않으며, 따라서 그러한 믿음은 믿어서도 안 된다. 이러한 믿음의 사례로 '단순한 추측'에 의한 믿음이라든가, '억측'이나 '편견' 그리고 '희망적 사고'에 따른 믿음 등을 들 수 있다. 이러한 믿음들이 지식이 되지 못하는 이유는 그것들을 참이라고 받아들일 만한 이유가 없기 때문이다.

  인식적 정당화는 이처럼 믿어도 되는 믿음과 믿어서는 안 되는 믿음을 가리는 데 관계하며 그러한 의미에서 당연히 규범적 개념이다. 물론 인식적 허용가능성은 도덕적(moral) 허용가능성이나 타산적(prudential) 허용가능성과도 그 성격을 달리한다. 어떤 믿음을 뒷받침할 만한 증거가 충분하지 않으며 따라서 인식론적으로는 정당하지 않기 때문에 그 믿음을 지니는 것이 인식적인 측면에서는 허용되지 않는 경우에도 만일 그 믿음이 관련된 사람에게 중대한 결과를 가져올 수 있을 경우 타산적인 견지에서는 얼마든지 허용될 수도 있을 것이다. 말하자면, 인식론적인 관점에서는 허용이 되지 않지만 타산적인 관점에서는 허용되는 믿음의 예로서 다음과 같은 경우를 생각할 수 있다. 준이가 심각한 질병을 실제로 앓고 있으며, 그렇게 믿을 만한 타당한 이유를 또한 그가 충분히 갖고 있다고 하자. 그러나 그러한 믿음을 받아들일 경우 준이는 심각한 심적 타격을 받아 문제의 정신 질환에서 회복되지 못할 우려가 크며 반대로 그가 자신의 질병이 그리 심각하지 않기 때문에 조만간 회복될 것이라는 믿음은 인과적으로 준이로 하여금 질병에서 회복되는데 크게 기여할 것이라고 하자. 그 경우 준이가 질병을 앓고 있다는 믿음이 준이에게 인식적으로는 허용되지만 반대로 타산적으로는 허용되지 않는다. 반대로 질병에서 곧 회복될 것이라는 믿음은 타산적으로는 허용되지만 인식론적으로는 정당화될 수 없다.

이처럼 '인식적 정당화'의 개념은 그 정당화의 대상인 믿음의 참(true)과 본질적인 관련을 갖는다는 점에서 여타의 정당화 개념과는 특징적으로 구분된다. 인식론적인 견지에서 적어도 우리의 믿음이 정당화된다는 것은 세계상을 있는 그대로 반영해 줄 수 있어야 한다는 것을 의미할 것이다. 그러나 우리의 모든 믿음이 세계상을 그대로 비추어 주는 투명한 거울의 구실을 할 수는 없을 것이다. 우리가 무엇을 믿든 그것이 참이라는 것이 곧장 보장만 된다면 정당화라는 개념적 장치는 불필요할 것이기 때문에, '정당화'라는 개념에 의거하여 바람직한 믿음과 그렇지 않은 믿음을 가리는 것이 아무런 의미가 없게 될 것이다. 그러나 그러한 상황이 얼마나 될 것이며, 과연 있기나 한 것인가? 우리의 믿음이 진리를 즉각적으로 반영해 주지 않기 때문에, '정당화'라는 개념이 요구되는 것이다. 우리의 즉각적인 믿음은 일반적으로 진리와는 거리가 있으며 정당화 개념은 우리의 단순한 믿음과 참과의 간격을 제거함으로써 우리가 참인 믿음에 이르도록 그 역할을 하게 되는 것이다. 이러한 의미에서 정당화는 우리가 갖는 믿음이라는 주관적 출발점과 진리라고 하는 객관적 목표를 이어주는 연결고리가 된다. 따라서 연결고리의 구실을 하는 정당화에 입각한 판단은 진리에 기준을 둔 판단이 될 것이다. 이처럼 진리와 연관된다는 점에서 인식적 정당화는 여타의 도덕적 혹은 실질적 정당화 등과는 확연히 구분된다.

우리의 믿음이 지향하는 목표는 실재(reality)를 반영하는 것이며 그러기 위해서는 참을 극대화하고 거짓을 극소화해야 한다. 여기에서 유의할 점은 진리의 극대화가 곧장 거짓의 극소화로 이어지는 것은 아니며, 그 역 또한 아니라는 것이다. 아무것도 믿지 않는다면 거짓을 극소화할 수 있을 것이며 따라서 오류를 피하는 것만이 목적인 한, 아무것도 믿지 않는 것이 인식론적으로 합리적인 전략이 될 것이다. 반대로 참을 극대화하는 것에만 관심을 갖는다면 진위를 가리지 않고 무엇이든 믿는 것이 바람직하다는 이야기가 될 것이다. 왜냐하면 모든 것을 믿을 경우, 참임에도 불구하고 믿지 않게 되는 경우란 없을 것이기 때문이다. 위의 고찰은 참의 극대화와 거짓의 극소화라는 믿음의 두 가지 목표 가운데 어느 하나만으로는 지식이 되기 위한 조건을 이룰 수 없다는 것을 보여주고 있다.9)

결국 인식적으로 정당화된 판단이 진리에 기준을 둔 판단이라는 점을 감안한다면, 정당화에 따른 인식적 평가는 세계에 관한 보다 많은 진리를 얻는 데 기여할 수 있는 그러한 평가라고 해야 할 것이다. 인지자는 무엇보다도 인식을 통해 세계의 모습을 보다 참되게 반영하도록 부단히 노력해야 할 것이며, 또한 그러한 목적을 달성하기 위해 참을 극대화하고 거짓을 극소화하도록 해야 할 것이다. 따라서 거짓의 극소화와 참의 극대화가 어떤 믿음을 인식론적 견지에서 평가하는 데 중요한 고려 사항이 될 수밖에 없다. 지금까지의 논의를 토대로 다음과 같이 정리할 수 있을 것이다.

---

9) Lehrer(1990), 55~56쪽 참조.

[K1]

(i) 인식 정당화는 인식론적으로 허용 가능함을 의미하는 규범적, 혹은 평가적 개념이다.

(ii) 인식 정당화에 입각한 판단은 진리에 기준을 둔 판단이어야 한다. 다시 말해 참의 극대화와 거짓의 극소화라는 기준에 의거한 판단이어야 한다.

　알스톤은 Alston(1985)에서 '인식정당화'라는 개념을 다음 네 가지로 규정하고 있다. 첫째, 그 인식적 정당화의 개념이 적용되는 대상은 믿음이거나 어떤 인식 주체가 어떤 믿음을 지니고 있는 상태이다. 둘째로 그 개념은 넓은 의미에서 평가적 개념으로서 '사실적인(factual)' 개념과 대비된다. 셋째로 그 개념은 특히 인식적 측면의 평가와만 관련이 있다. 인식적 평가는 이른바 '인식적 관점(epistemic point of view)'에서 행해지는 것으로 인식적 관점은 믿음의 체계 내에서 진리를 극대화하고 거짓을 최소화하려는 목적에 의해 정의된다. 넷째로 인식적 정당화는 정도의 문제이다. 인식 정당화의 개념에 대한 알스톤의 규정 가운데 두 번째 것과 세 번째 것은 각각 [K1]의 (i)과 (ii)에 해당한다고 할 수 있다.

　그런데 [K1]은 그 자체로 '인식 정당화'의 개념을 완벽하게 규정하고 있다고 말하기 어려운 면이 있다. 참을 극대화하고 거짓을 극소화한다는 의미에서 어떤 믿음들의 체계가 인식적으로 정당화되었다고 했을 때, 그러한 믿음들의 체계는 장차 거짓으로 드러날 가능성이 없다(infallible)는 것을 의미하는가? 혹은 '인식 정당화된 믿음'임에도 불구하고 오류로 드러날 가능성이 있는가?

'참의 극대화와 거짓의 극소화'라는 의미에 비추어 볼 때, 인식적으로 정당화된 믿음이 거짓을 포함하지 말아야 한다는 당위성을 지니는 것은 물론이지만, 그러나 그러한 믿음들이 실제로는 거짓인 것으로는 드러날 가능성이 있다는 점 또한 부인하기 어려울 것이다. 이러한 의미에서 인식 정당화된 믿음의 오류 가능성은 일반적으로 인정되고 있는데, 이는 곧 인식적 정당화가 오류 가능성을 논리적으로 배제하지 않는다는 것을 의미한다. 한 예로 지각(perception)적 믿음의 경우를 생각해 볼 수 있다. 일반적으로 지각적 믿음이 정당화된다고 했을 때, 그 정당화는 명제적 내용을 지닌 전제로부터의 추론보다는 감각적 경험에 직접적으로 의존할 것이다. 그러나 그처럼 감각적 경험에서 비롯된 지각적 믿음은 그 자체 아무리 인식적으로 정당화된다고 하더라도 그 사실이 반드시 그 믿음이 참임을 보장하지는 못할 것이다.

단순 지각 과정에도 무의식적으로 추론이 개입된다는 경험론적 전통에 따를 경우에도 사정은 크게 다를 바 없다. 그러한 견해에 따르면, 지각적 판단에 이르는 과정은 주어진 감각적 경험으로부터 그 경험의 원인인 외적 상태를 추론하는 과정으로서 그 과정에는 우리를 둘러싸고 있는 세계와의 관계에 대한 우리의 배경 지식이 그 전제로 작용한다. 우리의 배경 지식은 결코 오류 불가능하다고 말할 수 없으며 따라서 그러한 지식이 추론 과정에 개입하여 얻어진 지각적 믿음도 반드시 참이 된다고 보장할 수 없다. 즉, 지각적 믿음이 어떻게 얻어지든 간에 인식적으로 정당화된다고 하더라고 오류 가능하다는 것을 부정할 수 없다.

인식 정당화의 오류 가능성은 추론에 의존하여 정당화되는 믿음들의 경우에도 드러난다. 예를 들어 과학 이론을 정당화하려 할 경우 우리 외부 세계에 대한 믿음들이 증거로부터의 추론에 의하여 정당화된다. 그런데 정당화의 근거가 되는 추론이 귀납적 추론일 경우 잘 알려진 것처럼 전제가 결론을 개연적으로 참이게 할 뿐이기 때문에 추론의 결론이 거짓으로 드러날 가능성 또한 얼마든지 있을 수 있다. 연역적 추론에 의하여 정당화되는 과학적 믿음의 경우 또한 예외일 수 없다. 연역적 추론에 의해 그 결론을 정당화하려면 그 전제들이 먼저 정당화되어야 하는데, 과학적 이론의 경우에는 전제들이 귀납적으로 정당화되는 경우가 거의 대부분이기 때문이다. 그래서 관련된 추론이 연역이라 하더라도 그 전제가 거짓일 가능성이 있으며, 따라서 그 추론에 의하여 정당화되는 결론 역시 거짓일 가능성에 여전히 노출된다.

수학적 명제의 경우는 언뜻 생각하면 예외가 될 것 같다. 수학적 명제와 같은 필연적 명제에 관한 믿음의 경우에 있어서만큼은 일단 정당화된 경우 오류 가능성에서 벗어난다고 생각될지 모른다. 수학적 명제가 필연적이라는 것은 그것이 참일 경우 거짓일 수 없다는 뜻이다. 그러나 '참일 경우 거짓일 수 없다는 것'과 일단 '정당화되는 한 거짓일 수 없는 것'은 다른 말이다. 참일 경우 거짓일 수 없다는 것은 형이상학적인 의미로서 참인 수학적 명제가 거짓이 되는 가능세계가 없다는 뜻으로 해석된다. 반면에 인식적 정당화는 인식론적인 개념으로서 어떤 믿음이 정당화되었다는 것과 그것이 참이라는 것은 논리적으로 서로 별개 문제이다. 수학적 명제에 관한 믿음의 경우에도 인식적인 견지에서 정당화가 되었다고 하더라도 그것이 참이 아닌 것으로 드러 날 논리적 개연성은 얼마든지 존재한다. 반대로 정당화되지 않는 수학적 명제에 관한 믿음이라고 하더라도 실제로 참일 수는 있 으며 그 경우 그 믿음은 필연적으로 참이 된다. 수학에 관한 교 육을 전혀 받지 못했고 따라서 수학에 대해 백지인 사람이 어떤 수학의 천재의 말에 따라 수학적 명제를 믿을 수 있다. 그 경우 그의 믿음은 결코 인식적으로 정당화되지 못할 것이다. 그러나 수학의 천재가 일러 준 것이므로 참이 될 것이며 또한 수학적 명제는 필연 명제이기 때문에 그의 믿음은 거짓이 될 수 없을 것이다. 이러한 고찰은 수학과 같은 필연적인 명제에 관한 믿음 에 있어서도 그 인식적 정당화가 오류 불가능성을 함축하지 않 는다는 것을 보여준다. 그렇다면 지금까지 논의한 것을 토대로 일단 오류가능성을 인정한다는 전제하에 지식에 대한 **필요충분** 조건을 다음과 같이 재구성할 수 있을 것이다.

[K2]
S가 p를 아는 것은, 다음 조건 (a), (b), (c), (d)를 만족시키
   는 경우 또 오직 그 경우만이다.
(a) S가 p를 믿고,
(b) S의 믿음 p는 오류 가능하게(fallibly) 정당화되고,
(c) p가 참인 동시에,
(d) 여기에서 (a)와 (c)를 함께 고려할 때 서로 우연적으로
   성립하는 것이 아니라는 것이 (b)에 의해 보장된다.[10)]

---

10) Sturgeon(1995), 17쪽 참조.

위의 지식의 정의는 S의 믿음 p에 대한 오류 가능성을 허용하지만 정당화 조건 (b)에 의해 객관적인 진리성을 획득하는 (c)의 단계로 발전할 때, 또 오직 그 경우에 한해 S의 믿음이 지식이 됨을 말하고 있다. 조건 (d)는 S의 믿음이 (b)에서 말하는 정당화를 한낱 주관적인 믿음의 단계를 벗어나 (c)의 객관적 진리가 됨으로써 지식이 되는 틀을 제공해 주고 있다. [K2]에 의해 정의된 명제적 지식은 오류 가능한 증거에 의해 뒷받침된 참인 명제를 믿음에 있어서, 인식 주체가 우연적으로 그 참임을 믿지 않도록 해준다.

지식에 관한 위의 정의는 오류 가능성과 양립 가능한 인식 정당화의 개념을 받아들임으로써 종래의 정의에 비해 보다 많은 것을 지식으로 받아들인다는 점에서 포괄적이다. 그 정의를 받아들일 때 이제 남는 과제는 그 정의에 포함된 오류 가능성과 양립 가능한 인식 정당화의 본성을 구체적으로 규명하는 것이다. 이러한 의미에서 위의 정의는 규범-평가적 개념으로서 인식적 정당화의 본성에 관한 논의를 보다 실질적인 방식으로 전개할 수 있는 길을 열어주고 있다고 말할 수 있다. 그러나 여기서 반드시 짚고 넘어가야 할 한 가지 문제가 있는 것으로 보인다.

인식적 정당화가 오류 불가능성을 함축하지 않는다면 하나의 믿음이 인식적으로 정당화되었음에도 불구하고 오류인 경우가 있을 수 있다는 것을 의미한다. 그러나 이러한 결론은 또 다른 어려움을 낳을 여지가 있다. 만일 타당한 인식적 정당화의 개념이 오류 가능성을 완전히 배제하는 것이 아니라면, 자칫 오류의 여지를 상당 부분 열어 놓는 인식적 정당화의 개념도 타당한 개념이라고 받아들일 수 있는 가능성이 있는 것이다. 그러나 그러한 종류의 '인식 정당화'의 개념을 받아들인다면, 인식 정당화가 기여하는 역할이란 오류 가능성을 허용할 수 있는 믿음을 확보하기 위한 역할로 전락하게 될 것이다. 그러나 그처럼 오류의 여지를 대폭 열어 놓는 '정당화'의 개념이 만족할 만한 개념이라고는 물론 말할 수 없다. 우리의 믿음 자체는 주관적인 것이다. 그러나 우리의 믿음이 주관적인 것을 넘어 우리 밖에 있는 실재와 부합할 때 우리의 믿음은 지식이 될 가능성이 있는 것이고, 그러한 의미에서 레러(K. Lehrer)도 지적한 것처럼 순전히 주관적인 믿음에서 시작하여 궁극적으로 진리를 반영해 내야 하는 책임이 인식 주관에 있게 되는 것이다.11) 오류 가능성은 실재로서의 대상 세계와 인식 주관 간의 괴리의 가능성을 의미한다. 그러한 괴리의 가능성을 대폭적으로 허용한다면 순수하게 주관적인 것에서 출발하여 실재에 도달하기가 그만큼 어렵게 될 것이다. 따라서 그러한 괴리의 가능성을 많이 허용하는 '정당화' 개념일수록 실재의 반영이라는 인식적 목표에 도달함에 있어 그만큼 실패한 개념으로 평가되어야 할 것이다.

앞서 지적한 것처럼 인식 정당화의 목표는 전적으로 주관적인 믿음의 체계가 참을 극대화하고 거짓을 극소화한다는 의미에서 실재를 보다 참되게 반영하도록 하는 것이다. 그러한 목표를 달성하기 위한 과제는 역시 인식 주체가 떠안을 수밖에 없다. 주관

---

11) 레러는 이와 관련하여 인식 주관이 극복해야 할 어려움을 "인식을 조종하는 정당화라는 엔진은 주관적인 어떤 것, 즉 인지자가 진리를 추구하는 과정에서 받아들이게 되는 것"으로 표현하고 있다. Lehrer(1990), 15쪽 참조.

적인 믿음이 가급적 참이 되도록 하는 인식적 목표가 어느 정도 달성될 수 있는가 하는 것은 어디까지나 인식 주관에 달린 문제라고 해야 할 것이다. 이 말은 인식 정당화에 결정적으로 기여하는 당사자로서 인식 주체의 역할이 무엇인지를 보여주는 것인데, 정당화의 관건을 쥐고 있는 인식 주체가 제 역할을 다할 때 비로소 실재의 반영이라는 인식적 목표가 달성될 것이다. 여기에서 자연스럽게 제기되는 물음은 인식적 목표를 달성하는 데 인식 주관의 어떤 능력이 결정적인 역할을 하는가 하는 것이다. 전통적으로 인식론자들은 '이성' 내지 '경험'에서 결정적인 역할을 찾았으며, 때로는 이 양자를 결합한 형태를 제시하는 경우도 있었다. 그러나 그 방식이야 어쨌건 인식론자들은 한결같이 자신들이 내세우는 정당화 방법에 의존할 때만 우리의 믿음은 객관적인 진리성을 획득함으로써 한낱 주관적인 믿음의 단계를 넘어 지식으로 도약할 수 있다고 주장했다. 그렇지만 그들이 내세우는 방법이 어떤 것이건 간에 그것이 인식 주관의 개입을 요구하는 것이라면 그러한 정당화 방법을 통한 믿음이 과연 실재를 전적으로 반영해 줄 수 있다는 것은 그리 쉽게 단정지을 수가 없는 문제이다. 전통적인 인식론자들이 주장하는 어떤 정당화 방법도 전적으로 인식 주관의 영역에 속하는 믿음과 이와는 별도로 존재하는 세계와의 상당한 괴리 가능성과 양립할 수 있다고 생각할 여지가 얼마든지 있었다. 이러한 의혹을 말끔히 제거하기가 그리 쉽지 않았으며, 그렇기 때문에 위와 같은 '정당화' 장치가 아무리 견고하게 작동된다 하더라도 우리의 믿음은 결국 주관적 한계를 벗어날 수 없다는 결론이 귀결될 수밖에 없었다.

정당화가 오류 불가능성을 함축할 수는 없지만 정도 이상의 오류 가능성을 허용하는 경우 그러한 정당화에 기초한 믿음은 그것이 어떤 종류의 믿음이건 주관적인 한계를 넘어설 수 없으며 이러한 의미에서 정당화의 개념은 일종의 '인식적 난제'라는 꼬리표를 지니게 되는 것이다. 전통적인 정당화 방법에 의한 믿음이 주관적인 한계를 넘어설 수 없으리라는 사실은 인식론의 새로운 방향을 알리는 중요한 계기를 이루게 된다. 그러한 새로운 방향을 연 인식론자들은 어떠한 정당화 개념이건 그것이 타당한 개념이 되기 위해서는 어떤 믿음이 그 정당화 절차에 따라 이루어졌을 때 주관적인 한계를 넘도록 해야 한다고 생각했다. 그들은 그러나 전통적인 인식론에서처럼 정당화 절차가 오직 인식 주관적인 혹은 내재적인 요소에 의거해서만 정의될 경우, 우리의 믿음이 그러한 절차에 따라 아무리 정당화되었다고 해도 주관적인 성격을 벗어날 수가 없다고 주장했다. 그들은 또한 거꾸로 우리의 믿음이 인식 주관과는 무관한 객관적인 요소에 의해 혹은 외재적인 요소를 통해 정의된 정당화 과정에 의해 정당화될 경우에 한해, 주관적인 성격으로부터 탈피할 수 있다고 생각한 것이다. 인식 정당화에서 인식 주관적인 요소를 배제하고 객관적인 방식을 도입함으로써 그 성격을 달리 설정하려는 이러한 새로운 움직임은 그 자체로 인식론적으로 중요한 의의를 갖는 것이 사실이다. 문제는 획기적이라고도 말할 수 있는 그러한 새로운 시도가 과연 성공할 수 있는가 하는 것이다.

지금까지 논의된 것을 토대로 다음과 같이 정리할 수 있을 것이다. 인간의 앎에 관한 물음과 그 답변을 둘러싼 논의에서 주된 해명의 대상이자 목표가 '인식 정당화'에 있다고 한다면, 인식 정당화의 본성을 규명하기 위해 요구되는 것은, 지식의 정의 [K2]를 전제로 하여 인식 정당화의 본성이 무엇인지를 밝히는 것이다. 그리고 정당화의 본성을 밝히는 작업은 다음 진술 (J)를 만족하는 속성 F들을 찾는 일에 해당한다.

> (J) S의 믿음 p가 속성(features) F1, F2, F3,······을 갖는 경우 오직 그 경우에 한해 p는 인식적으로 정당화된다.

(J)는 S의 믿음 p가 어떤 특정한 속성 F들을 갖는다면 정당화됨을 말하고 있는데, 이러한 의미에서 F들 각각은 정당화된 믿음이 되기 위한 속성이 된다. 따라서 이러한 속성들이 구체적으로 어떤 것인지를 밝히는 일이 인식 정당화의 본성을 해명하기 위한 결정적인 관건이 될 것이다. 그렇다면 어떤 것이 이러한 속성이 될 수 있는가?

위에서 말한 전통적인 인식론자들의 접근과 이에 대립하는 새로운 인식론자들의 접근이 결정적으로 갈라지는 곳이 바로 이 대목에서이다. 그들은 위에서 언급한 믿음의 정당화 속성을 전혀 판이한 방식으로 규정하고 있으며 그에 따라 현대 인식론은 크게 두 가지의 이론적 틀로 확연히 구분되는 양상을 보이고 있다. 두 진영 간에 갈수록 치열해지는 논쟁의 양상은 양 진영 간의 대립이 인식론 전반에 걸쳐 사활을 건 싸움으로 비쳐지기도 한다.

전통적인 인식론자들은 인식 주체의 내적 속성(internal feature)에서 (J)를 충족시키는 속성들을 찾지 않는 한 인식 정당화 개념의 규범적, 평가적 성격을 유지할 수 없다고 생각했다. 이들과 같이 한 믿음에 정당화를 부여하는 속성을 내재적인 것으로 해명하려는 입장을 내재론(internalism)이라고 부른다. 위에서 논의한 것처럼 이러한 내재론은 정당화된 믿음이 실재와 상당 부분 괴리될 가능성을 열어 놓는다는 본질적인 취약점을 지니고 있다. 전통적인 인식론에 반대하는 새로운 인식론자들은 내재적인 속성에 매달리는 한 그러한 취약점을 극복할 가능성이 없다고 보았으며 따라서 인식 주관과는 무관한 외재적(external) 속성에 의해 (J)를 만족시키려는 것인데, 이들의 견해를 외재론(externalism)으로 부르는 이유가 여기에 있다.12) 일단 내재론과 외재론에 대한 구체적인 논의에 앞서, 크레이그(E. Craig)가 제시하고 있는 논의에 따라 개괄적인 윤곽을 그려 보면, 'p를 안다'는 것이 참일 필요충분조건을 이루는 것으로 'p를 믿는다'는 것과 'p가 참이다'는 조건 이외에 제3의 조건을 명시적으로 밝히지 않은 채 내・외재론 간의 구분을 다음과 같이 설명하고 있다.

> "내재론자들은 인식 주체가 세 번째 조건이 충족되었다는 사실에 대한 일종의 의식(awareness)을 가져야 한다고 주장할 것인 반면, 외재론자들은 그러한 조건에 대한 믿음은 고사하고 그에 관한 생각(thought)조차 인식 주체의 마음에 떠오른 적이 없다고 하더라도 세 번째 조건이 충족되기만 하면 충분한 것으로 간주할 것이다."13)

---

12) 내재론과 외재론에 관한 성격과 특징은 3장과 4장에서 두 입장 간의 논쟁에 관한 논의를 통해 보다 선명하게 부각될 것이다.
13) Craig(1990), 61쪽 참조.

(J)를 충족시키는 정당화 속성을 어디에서 찾을 것인가를 두고 형성된, 화해하기 어려울 것으로 보이는 두 입장은 그 속성상 서로 상이한 이론적 틀을 지닐 수밖에 없다. 특히 전통적으로 우위를 지켜온 내재론적 진영에서 해결할 수 없는 난제에 대해 새로이 등장한 외재론적 인식론이 그 해답을 제시할 수 있다는 가능성이 여러모로 확인됨에 따라 양자 간의 대립은 쉽사리 끝날 것 같아 보이지 않는다. 위에서 언급한 성과를 바탕으로 외재론이 최근 급격히 부각되고 있는 것은 사실이지만, 그렇다고 해서 내재론이 안고 있는 특정한 난제에 대해 얼마간 설득력 있는 해결책을 제시하는 데 성공했다는 사실이 외재론으로 대체되어야 한다는 당위성을 의미하는 것으로 해석할 수는 없다. 왜냐하면 내재론이 전자의 기조를 유지하면서도 그 난제를 해결할 수 있는 길이 완전히 봉쇄되었다고 말하기는 시기상조이기 때문이다.

내·외재론의 핵심적인 성격과 양자 간의 대립의 과정을 이해하기 위해서는 구체적인 인식론의 문제에 대해 양 입장에 선 인식론자들이 어떻게 대응했는가를 살펴보는 것이 상당한 보탬이 될 것이다. 이러한 목적을 위해 가장 적절한 인식론의 문제는 게티어(E. Gettier)의 문제라고 생각된다. 왜냐하면 게티어의 문제가 안고 있는 사안을 진단해 보고, 두 입장에 선 인식론자들이 그 매듭을 어떻게 풀어 나가고 있는가를 알아보는 것이 두 입장 간의 대립에 대한 중요한 실마리를 제공해 줄 수 있기 때문이다. 게티어 문제는 지식에 대한 전통적인 분석이 안고 있는 핵심적인 사안에 대해 의문을 제기하는 것으로 볼 수 있는데, 그런 만큼 그 문제에 대한 해결 과정에서 서로 다른 인식론적 입장들이 형성될 여지가 있는 것이다. 실제로 이러한 현상이 게티어의 문제가 제기된 이후 이를 해결하려는 과정에서 생겨나게 된다. 철학자들은 게티어에서 비롯된 문제를 벗어나는 방식에서 전통적인 분석을 전면 재검토하게 되는데, 그러한 작업은 크게 두 가지 방향으로 전개되었다. 하나는 지식에 관한 전통적인 분석에서 세 가지 조건의 필요성 자체에 대해 의문을 제기하는 방향으로 전개되었으며, 다른 하나는 게티어의 반례 그 자체에 대해 물음을 제기하는 방향으로 전개되었다. 전자는 인식적 정당화의 본성을 되짚어 보는 방향으로 다시금 발전했는데, 본 논의에서 전자에 관한 논의에 주력하는 이유도 바로 여기에 있다.

2. 게티어 문제와 인식 정당화 본성의 문제

믿음의 정당화 속성에 관한 현대적 논의의 계기를 제공한 것은 게티어의 문제라고 말할 수 있다. 게티어의 문제는 정당화된 참인 믿음이라는 전통적인 지식의 정의에 대한 반례의 차원을 넘어 '정당화'에 관한 본성을 되짚어 보게 하는 중요한 동기를 형성해 주었다. 따라서 게티어의 문제의 극복과정을 살펴보는 것이 믿음의 정당화 속성을 둘러싸고 전개된 **내재론·외재론** 간의 논쟁의 성격은 물론이고 그것들을 둘러싼 논의 및 평가를 보다 선명하게 그려내는 데 보탬이 될 것이다. 이를 위해 우선 게티어의 책에서 제기하고 있는 논점을 정리하는 것으로부터 시작해 보자.

게티어(E. Gettier)는 1963년에 발표한 "Is Justified True Belief Knowledge?"라는 논문에서 두 가지 반례를 제시함으로써 지식에 관한 전통적인 분석에서 세 가지 조건의 필요성 자체에 대해 의문을 제기하고 있다.[14] 우선 첫 번째 반례를 간략히 정리하면 다음과 같다. 즉, 연접(conjunction)으로 적절한 증거를 가지고 있는 스미스의 믿음에 관한 것이다. 스미스는 그와 존이 취업하려는 사장으로부터의 귀띔에 의해 (1) 존은 그 회사에 고용될 것이라고 믿게 되었고, 동시에 존의 주머니에 동전의 수를 마침 세어 보았기 때문에 (2) 그의 주머니에 10개의 동전이 있다고 믿게 되었다. (1)과 (2)에 관한 스미스의 믿음은 타당한 증거에 의한 것이므로 정당화된다. 이제 스미스는 (1)과 (2)에 의거하여 (3) 그 회사에 고용할 사람은 주머니에 10개의 동전을 가지고 있다는 것을 믿게 되었는데, (3)에 관한 스미스의 믿음은 정당한 믿음으로부터의 논리적 추론에 의한 것이므로 역시 정당화된다. 그런데 스미스 자신은 모르고 있었지만 실제로 문제의 회사에 고용될 사람은 존이 아닌 스미스 자신이었고, 또 우연하게도 스미스 자신의 주머니에도 10개의 동전이 있었지만 그 사실도 스미스 자신은 모르고 있었다. 따라서 스미스가 모르고 있던 이러한 사실 덕분에 (3)은 참이 되었다. 이러한 상황에서 전통적인 지식의 정의에 의하면 스미스는 (3)의 명제를 알고 있다고 말해야 한다. 하지만 이러한 상황에서 우리는 스미스가 (2)를 알고 있다고 말할 수 없다. 이러한 근거에서 게티어는 지식에 대한 전통적인 정당화된 참인 믿음의 분석이 적절하지 못하다고 논증하고 있다.

---

14) E. Gettier(1963)를 참조하기 바람.

게티어의 반례는 어떤 사람이 자신이 갖고 있는 증거에 의해
거짓인 명제 p를 믿는 것이 정당화되는 경우가 있을 수 있다는
사실을 이용하고 있다. 실제로 어떤 사람이 그러한 명제 p를 믿
고 있다고 하자. 그런데 또한 거짓인 명제로부터 어떤 참인 명제
를 얼마든지 타당하게 연역해 내는 것이 가능하다.15) 따라서 그
사람이 정당화된 거짓 믿음 p로부터 참인 명제인 q를 연역해 낸
다면, q를 믿는 것 역시 그에게 정당화될 것이다. 그가 실제로 그
러한 절차에 의해 q를 믿게 되었다면, 앞의 지식에 대한 분석으
로부터 q에 관한 그의 믿음은 지식이라는 결론이 따라 나온다.
이 경우에 q라는 믿음은 참일 것이다. 하지만 이 경우 q에 관한
그의 믿음의 근거는 오직 p로서, p는 실제로 거짓이기 때문에 그
의 믿음 q가 참으로 밝혀진 것은 요행이라고 해야 하며 따라서
그것의 믿음이 지식의 지위를 얻었다고는 말할 수 없다.

이러한 게티어의 반례에 대한 즉각적인 응수는 거짓 명제로부
터 추론된 명제는 결코 정당화될 수 없다는 것이었다. 실제로
'거짓 전제의 배제'라고 하는 조건을 지식이 되기 위한 필요충분
조건에 추가한다면 위에서 든 게티어의 반례는 확실히 봉쇄될
것이다. 그러나 그 조건은 지식의 정의에 추가하기에는 지나치게
강한 조건이라는 비판이 다시금 제기되었다. 즉, 게티어 반례를
극복하기 위한 장치로 도입된 '거짓 전제의 배제'가 오히려 정당
화 조건을 지나치게 강화시킨 나머지 게티어의 경우와는 반대로

---

15) 타당한 연역적 추론은 참인 전제로부터 거짓인 결론이 귀결되는 경우
   만을 봉쇄할 뿐이다. 따라서 타당한 연역에 의할 때 거짓인 전제로부
   터 참인 결론이 나오는 경우가 있을 수 있다.

우리가 통상 안다고 인정할 수밖에 없는 극히 일반적인 사례마
저도 지식의 예에서 배제해 버리는 부정적인 결과를 초래한다는
것이다.

　이는 말하자면 '거짓 전제의 배제 조건'을 추가하는 경우에 대
한 반례에 해당한다고 볼 수 있는데, 보다 구체적인 논의를 위해
레러(K. Lehrer)가 제시하고 있는 사례를 통해 재구성하면 다음과
같다. 즉, 김민수 씨는 학교 선생님으로서 자신의 반 학생인 철
수와 창수가 어제 자가용으로 등교했다는 말에 따라 다음의 전
제를 믿게 되었다. (a) 철수는 나의 반 학생으로 어제 자가용으로
등교했다. (b) 창수는 나의 반 학생으로 어제 자가용으로 등교했
다. 명제 (a)와 (b)에 대한 김 선생님의 믿음은 상당한 근거를 지
니고 있는 것이므로 정당화된 믿음이라고 할 만하다. 김 선생님
은 믿음 (a)와 (b)에 의거하여 다음 명제를 추론하여 믿게 되었
다. (e) 나의 반 학생 중 적어도 한 사람은 어제 자가용으로 등교
했다. 따라서 김 선생님의 믿음 (e)도 정당화되었다고 해야 한다.
그런데 철수와 창수 가운데 창수의 말은 실제로는 선생님을 놀
리기 위한 거짓말이었다. 따라서 위의 명제 (b)는 거짓이었다. 이
러한 상황에서 김 선생님의 믿음 (e)는 정당화된 참인 믿음이기
는 하지만 그 믿음의 근거 중에는 거짓 명제인 (b)가 포함되어
있으므로 새로운 지식의 정의에 의해 지식이 될 수 없다.16)

　이러한 비판에서 벗어날 수 있는 방안은 크게 두 가지가 있는
데, 그 중 첫 번째 방안은 이와 같은 조건의 기조를 그대로 살리

---

16) Lehrer(1990), 48~50쪽.

면서 위의 비판을 극복하기 위해 '전적인 거짓 전제의 배제'로부터 '거짓 전제에 의존하지 않는 방식'으로 그 조건을 완화시키는 것이다. 이처럼 조건을 완화시킬 경우, 어떤 사람의 믿음 p를 정당화시키기에 충분한 전제가 적어도 하나 이상 있기만 하면, 그의 믿음을 지식이라고 할 수 있을 것이다. 앞에서 제시된 예의 경우, 김 선생님의 믿음은 창수가 자가용으로 등교하지 않았다는 거짓 전제에 의존하지 않는 방식으로 정당화될 수 있는 가능성이 있다. 그러나 이와 같이 추가적인 조건을 완화해서 지식을 재정의한다고 해도 반례에서 전적으로 벗어나지는 못한다는 것을 골드만(Alvin I. Goldman)은 보여주고 있다. 다음은 골드만의 예로서, 그는 이 예를 통해 더 이상 '거짓 전제의 배제 내지는 거짓 전제에 의존하지 않는 방식'으로는 게티어의 문제를 극복할 수 없다는 점을 다음의 예를 통해 입증시키려는 것 같다. 골드만이 생각하고 있듯이 만일 그러한 방식으로 게티어의 문제를 해결할 수 없다면 정당화의 개념에 대해 게티어의 반례가 제기하는 문제의 소지를 다른 곳에서 찾아야 할지 모른다.

[예 1]

"영수는 어느 날 한국을 대표하는 화가들의 그림이 전시된 한 전시회에 가게 되었다. 나름대로 미술에 일가견이 있던 그는 전시된 그림을 유심히 감상하다가 한 그림에 눈이 가게 되었다. 영수는 그림에 어느 정도 식견이 있었기 때문에, 면밀한 검토 끝에 그 그림이 진품이라고 확신하게 되었다. 그러나 실제로 그것은 진품이 아니라, 전문가라도 식별하기 어려울 정도로 매우 정교하게 그려진 모조품이었다. 진품은 매우 중요한 작품이었기 때문에 손상 내지 도난의 우려 때문에 바로 뒤에 숨겨 두었

으며 대신 모조품을 전시했던 것이다. 그렇지만 영수는
그 앞에 놓여 있는 그림을 보고 진품이라고 믿는다."17)

이 경우 영수의 인식 체계 내에서 일어나는 일은 진품의 그림
을 보고 있는 경우와 동일하며, 따라서 정상적인 시각에 의한 믿
음이 인식적으로 정당화된다면 영수의 믿음 역시 인식 정당화
된다고 해야 한다. 영수의 믿음은 인식적으로 정당한 동시에 참
이기도 하다. 그러나 영수는 일체 거짓 전제에 의존하지 않은 방
식으로 문제의 그림이 진품이라는 자신의 믿음에 도달하기는 했
지만 자신 앞에 진품의 그림이 있다는 것을 안다고 할 수는 없
다. 위의 예에서의 영수의 믿음이 게티어의 예와 다른 점은 어떤
다른 믿음을 전제로 하고 있지 않다는 점이다. 이 예에서 영수의
믿음을 정당화하는 근거는 단지 감각 경험으로서 다른 어떠한
믿음도 전제로 하고 있지 않다. 그렇기 때문에 '거짓 전제에 의
존하지 않는 방식'을 만족시키고 있지만 지식이라고 할 수 없다.
그렇다면 거짓 전제에 의존하지 않는 방식에 따른 해결책을 실
패한 것으로 규정해야 하는가?

이 물음에 '그렇다'고 답할 경우 믿음의 정당화에 '인과론적
개입'을 허용하는 것만이 유일한 대안될 수 있다는 노선을 걸을
수 있다. 이 새로운 인식론적 노선에 의하면 한 믿음이 지식이
되기 위해서는 그 믿음이 참이어야 하고, 그 믿음을 참이게 하는
사실과 인과적 관계를 맺고 있어야 한다. 위의 [예 1]에서 영수의
믿음이 형성된 원인은 진품이 아닌 모조품으로서 결국 그의 믿

---

17) Goldman(1967), 69~70쪽.

음은 모조품과만 인과적 관계를 맺고 있을 **따름이다**. 따라서 문제의 그림이 진품이라는 영수의 믿음은 지식이 될 수 없다. 만약 반대로 영수의 믿음의 원인이 된 그림이 진품이었다면, 영수가 그 사실을 직접 지각하고 이 사실에 대한 지각 때문에 그 앞에 진품이 있다고 영수가 믿었다면, 그 믿음은 지식이 되었으리라는 것이다. '인과론적 개입'과 같은 개념적 장치는 그동안 인식론자들을 괴롭히던 난제를 일거에 해소할 수 있다는 점에서 상당한 매력이 있는 것이 사실이다. 그러나 이처럼 인과론적 개입이라는 장치를 도입했다고 해서 모든 문제가 해소될 수 있을지 [예 1]을 약간 수정한 다음의 예를 통해 살펴보자.

[예 2]
"위의 [예 1]에서 영수가 관람한 전시회에서 진품이 바로 뒤에 숨겨져 있던 것이 아니라 모조품과 나란히 전시되어 있었다고 하자. 영수는 두 그림 가운데 진품을 가려내려고 애를 썼지만 아무리 해도 두 그림 간의 차이점을 찾을 수 없었으나 신중하게 검토한 끝에 그중 하나를 진품으로 확신하게 되었다. 그런데 영수가 진품이라고 지목한 그림이 실제로 진품이었다."[18]

위의 예에서 영수가 지목한 그림이 진품이라는 그의 믿음은 참이며 또한 실제로 영수의 믿음을 참이게 하는 사실이 그의 믿음의 원인이 되고 있다. 영수의 믿음은 인과론적 개입을 만족시키고 있으며 따라서 새로운 지식의 정의에 의하면 충분히 지식

---

18) 위의 예는 레러와 골드만이 제시한 예를 각색한 것이다. Lehrer(1990), 48~50쪽 및 Goldman(1976), 121~123쪽 참조.

으로서의 자격을 획득한다. 그러나 [예 2]에서 묘사된 영수가 자신이 보고 있는 그림이 진품임을 알고 있다고 말할 수 없을 것이다. 여기서 위의 두 예를 보다 면밀하게 검토해 봄으로써 새로운 시도가 성공할 가능성이 얼마나 있는지를 타진해 보기로 하자.

[예 1]과 [예 2]의 예는 어떠한 차이가 있는가? [예 1]은 선택의 여지가 없는 반면 [예 2]는 선택의 여지가 있다는 데서 차이를 찾아야 할 것인가? 즉 [예 1]에서의 영수는 감각 경험으로부터 곧장 다른 선택의 여지가 없이 그의 믿음을 형성한 반면 [예 2]의 경우는 식별할 수 없이 유사한 두 가지 감각 경험이 주어졌기 때문에 그 중의 하나를 선택할 수밖에 없었으며 그 과정에서 어쩔 수 없이 추가적인 조건이 개입되어 그의 믿음이 형성된 것일까? 그러나 선택의 과정이 있었건 없었건 다같이 영수가 그 그림이 진품이라는 사실을 알고 있지 못하다는 동일한 결론이 나왔다. 따라서 선택 과정의 유무는 믿음이 지식이 되는 일과는 관련이 없다고 해야 할 것이다. [예 1]에서 '내 앞에 진품이 있다'는 영수의 믿음은 주어진 시각 경험으로부터 곧장 형성된 것이 아니라 그 시각 경험이 실제의 그림으로부터 주어진 것이라는 (거짓된) 전제를 매개로 하여 이루어진 것이라고 보아야 하지 않을까? 마찬가지로 [예 2]의 경우도 그와 유사한 전제에 의거하여 두 가지 감각 경험 가운데 그중 하나를 받아들일(신뢰할) 만한 것으로 선택하는 일이 가능했을 것이다. 이러한 전제가 작용하지 않았다면 영수는 주어진 선택적인 시각 경험으로부터 그 그림이 진품이라는 믿음을 형성할 수 없었을 것이다.

위의 고찰은 [예 1]과 [예 2]에서 영수의 믿음이 왜 지식이 될 수 없는지를 더 잘 설명할 수 있는 인식 정당화 이론은 인과론적 개입이 아니라 거짓 전제에 의존하지 않는 방식을 정당화 조건으로 하는 이론임을 보여주고 있는 것 같다. 즉, 위의 두 예에서 영수의 믿음은 영수가 진품으로 생각한 것이 실제로 진품이라는 거짓 진술에 의존하고 있으며 바로 이 사실 때문에 그의 믿음은 지식이 되는 데 실패하고 있는 것이다. 따라서 그 해결의 실마리도 자신이 보고 있는 미술품이 진품이라는 영수의 믿음 그 자체가 거짓이라는 데에서 찾아야 할 것이며, 그 귀결은 어떤 믿음이 정당화되어 지식이 되기 위해서는 그러한 믿음을 갖는 데 있어 어떠한 거짓 진술에 의존해서도 안 된다는 원리를 받아들이는 것이 될 것이다. 골드만의 반론은 [예 1]과 [예 2]에서의 영수의 믿음이 어떤 전제에도 의존하지 않는 감각 경험으로부터 직접적으로 형성된 것이라는 전제에 의존하고 있으나 위에서 언급한 것처럼 사실은 자신의 시각 경험의 원인에 대한 믿음에 의존하고 있다고 보는 편이 정당할 것이다. 그러한 관점에 입각할 때 영수의 믿음이 거짓 진술에 의존하고 있는 것에 의해 그것이 정당화되지 못하는 이유를 보다 설득력 있게 설명할 수 있게 될 것이다.

[예 1]에서의 영수의 믿음과 실재와의 괴리가 야기된 이유를 전자가 거짓 진술에 의존했기 때문이라고 단정하고 인과적 개입을 정당화 부여 속성에서 전적으로 배제시키는 것은 아직 시기상조일지도 모른다. 그러나 적어도 골드만이 제시한 것과 같은 예가 거짓 진술에의 의존을 정당화 속성에서 배제하는 것에 대한 결정적인 반례가 되지 않는다는 것만은 분명하며, 나아가서 그

'의존 관계'가 문제를 해결하는 단서가 되리라는 생각마저 할 수도 있을지 모른다. 그렇지만 많은 철학자들은 게티어의 예나 [예 1], [예 2]에 관한 반론을 극복할 수 있는 대안으로서 '어떠한 거짓 전제에도 의존하지 않는 정당화 개념'은 너무 강한 틀을 요구한다고 생각한다. 왜냐하면 그러한 정당화 개념을 받아들이게 되면 그에 대해 어떤 반례가 제기되더라도 겉으로 드러나지 않은 거짓 전제가 숨어 있다고 말함으로써 쉽게 물리칠 수 있을 것이기 때문이다.

어떤 믿음이 정당화되지 못하는 이유를 그것이 의존하고 있는 거짓된 상위 믿음에서 찾기란 어려운 일이 **아니다**. 왜냐하면 어떤 믿음에 대해서도 우리는 그 믿음을 논리적으로 귀결할 수 있는 거짓된 전제를 얼마든지 생각할 수 있으며 그러한 전제 가운데 하나를 인식 주체에 돌리기만 하면 될 것이기 **때문이다**. 사람은 그가 명시적으로 드러내지는 않지만 그러한 믿음을 얼마든지 가질 수 있으며 위에서 골드만을 비판하는 논의에서도 영수가 그러한 묵시적인 믿음을 가진 것으로 가정했다. 그러나 어떤 믿음을 논리적으로 귀결할 수 있는 전제에 대해 또한 일반적으로 그것을 귀결할 수 있는 또 다른 전제가 존재할 것이며 이러한 과정은 한없이 소급될 것이다. 그렇다면 그러한 전제와 전제의 전제 등 가운데 얼마만큼을 인식 주체가 믿고 있는 것으로 가정해야 하는가? 위의 [예 1]에서 영수는 '자신의 그 시각 경험이 진품에서 비롯된 것'이라는 거짓된 상위의 믿음을 지닌 것으로 가정되었다. 그러나 이 믿음이 그 나름대로 다른 믿음, 예를 들어 '이러이러한 상황에서 형성된 시각 경험은 진품에서 비롯된 것다'와 같은 믿음에 의존한 것이 아니라고 생각할 이유가 있는가? 그렇다면 그러한 소급 과정은 과연 어디까지 거슬러 올라가야 할 것인가? 오직 위에서 든 바로 상위의 믿음에서 끝나야 할 것인가? 이러한 물음에 대해 어떤 거짓 전제에도 의존하지 않는 정당화 개념을 옹호하는 인식론자들이 설득력 있는 답변을 제시하기가 그리 쉬워 보이지 않는다.

외재론자들은 위의 인식론자들이 처하게 되는 곤경의 근본적인 이유가 다름 아닌 인식 주체의 개입을 허용하는 정당화 개념에 있다고 주장한다. 인식 정당화가 인식 주체의 개입에 따를 경우 상위 의식을 끊임없이 요구하게 될 것이고, 이러한 무한소급의 요구는 결국 회의론적 결론으로 이어지게 될 것이다. 이러한 귀결은 인식 주체의 의식 상태를 개입시키는 내재론적인 정당화에 집착하는 한 피할 수 없는 일이기 때문에 외재론에서는 정당화에서 내재론적 개입을 배제하는 것만이 이와 같은 귀결로부터 벗어나게 된다고 주장하게 되는 것이다. 여기에서 우리는 인식적 정당화의 목표에 비추어 내재론의 성격을 한번 살펴볼 필요가 있다고 생각된다. 이미 언급한 것처럼 인식 정당화의 최우선의 목표는 믿음이 주관적인 한계를 넘어 진리에 도달하도록 기여하는 데 있다. 그러한 관점에서 볼 때 내재론자들은 거짓을 허용하지 않는 방식으로 정당화를 이룩할 경우에 한해 목표가 달성된다고 보는 것이다.

지금까지 인식적 정당화 부여 속성에 관한 각기 다른 관점을 예를 통해 분석해 보았다. 그 분석의 출발점은 한 믿음의 정당화 여부는 그것이 타당한 근거에 의해 뒷받침되었는가의 여부에 의

해 결정된다는 것이었다. 따라서 지금까지의 논의는 이러한 '뒷
받침 관계'에 대한 서로 다른 분석이었다고 말할 수 있으며 이는
또한 인식 정당화론이 뒷받침 관계에 대한 상이한 분석에 따라
두 입장으로 나누어진다는 것을 의미하는 것이기도 하다. 이제
앞서 말한 두 입장 간의 차이를 다음의 예를 통해 정리해 보기
로 하자.

[예 3]
　"순이는 p를 믿고 있으며 또한 그에 대한 타당한 근거
인 q를 확보하고 있는 상태다. 하지만 p에 대한 순이의
믿음은 q를 근거로 한 것이 아니라 p와는 전혀 무관한 r
을 통한 것이다. 이 경우 순이의 믿음 p가 정당화되지
못한 것은 p의 근거가 되는 q와는 전혀 관련이 없는 영
뚱한 r을 통한 것이었기 때문이다."

[예 3]에서 순이의 믿음이 왜 타당한 근거에 의해 뒷받침되지
않고 있는지 그 이유를 분석하는 하나의 입장은 그 이유를 순이
의 믿음이 타당한 근거인 q에 의해서가 아니라 이와는 아무런
관련도 없는 r에 의해 야기된 데서 찾는 것이다. 이러한 입장에
의하면 순이의 믿음을 정당화하는 적절한 뒷받침 관계란 인과관
계(causal relation)를 의미한다. 이와 또 다른 입장은 그 이유를 인
과관계의 존재 여부에서 찾는 대신 순이의 믿음 p와 그 타당한
근거인 q 사이의 연관성에 대한 순이 자신의 의식 여부에서 찾
고 있다. 그러한 입장에 의하면 순이의 믿음 p가 비록 타당한 근
거가 되는 q에 의해 인과적으로 야기되지는 않았다고 하더라도
p가 r이 아닌 q에 의해 뒷받침된다는 것을 순이 자신이 의식하고

있었더라면 정당화되었으리라는 것이다. 이러한 두 입장 간의 차이는 논의의 서두에서도 언급한 바와 같이 정당화 부여 속성을 어디에 두느냐에 따른 것임을 알 수 있다. 그러한 정당화 부여 속성을 내재적인 것으로 파악할 경우 순이의 믿음 p가 r이 아닌 q에 의해 뒷받침된다는 순이 자신의 내적 의식이 그 속성이 될 것이다. 반대로 외재적으로 파악할 경우 p라는 믿음의 실제적 근거가 되는 q와의 인과적 관계에 따른 외적 요인이 그 속성을 이룰 것이다.

지금까지 논의한 두 입장 간의 차이는 언뜻 화해할 수 없을 정도로 심각한 것으로 생각될 수 있다. 만일 화해할 수 없는 것으로 선뜻 결론짓는다면 어느 한 입장을 옹호하고 나서는 편이 타당할 것이다. 그러나 그처럼 어느 한 입장을 옹호한다는 것은 이 책에서 목표로 하는 바가 아니다. 현대 인식론자들의 상당수는 아직 위의 두 진영 가운데 하나에 적극 가담하고 있지 않은데 이러한 사실은 적어도 그 두 입장 가운데 하나가 결정적인 우위를 점하고 있지 않다는 것을 시사하는 것으로 보인다. 이 글 또한 그러한 가정하에서 양자의 입장을 적절하게 절충 가능성을 탐색하는 데 일차적 목표를 두고 있다. 실제로 내재론과 외재론은 서로 양립불가능한 이론이 아니라 두 입장에 적절한 비중을 부여하여 결합하는 것이 가능한 이론으로 보는 것이 옳다. 현대 인식론은 정당화에 관해 우리가 접근하기 어려울 정도로 다양하고도 복잡하게 얽힌 수많은 이론들을 만들어 냈는데 그 배경에는 그와 같은 사실이 있는 것으로 생각된다. 다시 말해 그러한 다양한 견해들은 각각 인식 정당화론의 두 축인 내재론과 외재론으로부터 얼마만큼의 거리를 유지하고 있으며 따라서 그러한 거리에 의해 그것들의 차이를 잘 식별할 수 있을 것이다. 따라서 이 글이 노리는 목적상 그러한 다양한 견해가 구체적으로 어떻게 해서 성립되는지를 살펴보는 것이 필수적일 것이다. 이러한 작업을 다음 절에서 시도하기로 한다.

3. 인식 정당화론을 둘러싼 다양한 견해

앞 절의 [예 3]을 통해 우리는 정당화에 대해 각각 전통적인 견해와 새로운 견해라고 부를 수 있는 두 입장을 대립적으로 부각시킨 바 있다. 두 입장 간의 대립은 현대 철학 전반에 걸쳐 나타나고 있는 이분법적인 대립의 한 측면으로 볼 수도 있다. 이 두 입장 간의 대립은 날로 치열해지는 양상을 보이고 있으며 그러한 면이 오히려 그 이론들이 지향하는 목표, 즉 정당화 개념을 적절히 해명해야 한다는 목표를 달성하는 데 적지 않은 저해 요소로 작용하기도 한다. 여기서 인식 정당화론을 올바르게 이해하는 데 기여할 수 있기 위한 보다 생산적인 논의가 되기 위해서는 정당화론이 지향하는 목표를 가장 잘 실현하는 데 초점을 맞추어 각 이론의 배경에 대한 면밀하고도 철저한 분석이 요구된다.

인식 정당화를 둘러싸고 전개되는 여러 철학자들의 다양한 견해는 일단 우리를 무척 혼란스럽게 한다. 철학자들마다 주장하는 바가 다른 것은 물론이고, 같은 철학자라고 해도 시기별로 그 견해가 달라지기 때문이다. 이러한 다양한 이론들을 단순히 전통적인 견해와 새로운 견해라고 하는 두 가지 준거 틀에 묶어 정리하기에는 논의된 범위가 너무 광범위하여 그 전모를 파악하기조차 어렵다. 그러나 그렇다고 해서 아무런 기준도 갖추지 않고 접근한다면 복잡하고도 다양하게 전개되는 모든 논의를 이해하고 평가하는 것 자체가 불가능할 수도 있을 것이다. 현대 인식론의 핵심이 인식 정당화에 있는 이상, 정당화의 성격을 통해 대표적인 철학자들의 입장을 정리함으로써 전체적인 논의의 줄기를 잡아가기로 한다. 물론 이들의 이론에 인식 정당화에 관한 모든 이론은 아닐지라도, 그 밖의 다른 이론은 대부분 여기서 든 어떤 철학자들의 이론의 파생적인 이론 정도로 생각할 수 있을 것이다. 그러면 인식 정당화를 둘러싸고 제기되는 철학자들의 다양한 목소리를 통해 그들이 제안하고 있는 몇몇 주된 입장들을 살펴봄으로써 그 입장에 따른 구분이 자연스럽게 이루어질 것이다.

퍼스(R. Firth)에 따르면 믿음의 정당화는 그 믿음을 합리적으로 뒷받침하는 증거가 어떠한가의 여부에 달려 있으며, 그러한 증거는 또한 인식 주체가 그 믿음에 대한 근거를 그가 믿고 있으며 또한 그 근거가 그의 믿음을 뒷받침한다는 사실을 그가 의식하고 있는가의 여부에 의해 주어진다.[19] 봉쥬르(L. Bonjour)도 "적어도 대부분의 경우에 있어서, 우리의 믿음을 곧장 참이 되게 할 수는 없지만, 아마도 인식적으로 정당화되게 할 수 있는 길이 있을 것"[20]이라고 전제하면서 인식적 정당화의 기준이 적절하게 수립된 것이라면, 그 기준에 맞추어 정당화된 믿음이 참이 되는

---

19) Firth(1978), 219쪽 참조.
20) Bonjour(1985), 7~8쪽.

경향이 있어야 할 것이라고 지적하고 있다.21) 이처럼 인식적 정당화의 특징적인 면이 진리라는 인식적 목표와 본질적인, 혹은 내적인 연관성을 지니는 경우에 한해 참이라고 생각할 만한 좋은 이유가 있는 경우에 한해 주어진 믿음은 정당화될 것이며 또한 그러한 의미에서 정당화된 믿음을 지니는 것이 인식적 책임을 다하는 것이 될 것이다.22) 인식적 정당화 개념의 핵심을 이루는 것은 바로 이처럼 인식적인 책임을 다하자는 것이다. 그런데 봉쥬르에 의하면 어떤 믿음을 받아들임에 있어 그것이 인식적 정당화의 기준을 충족하도록 함으로써 인식적 책임을 다하기 위해서는 자신의 믿음이 정당화의 기준을 충족시킨다는 것을 다시 정당화할 수 있는 길이 인식 주체에게 열려 있어야 한다는 것이다. 왜냐하면 그러한 의미의 상위(meta) 정당화를 하지 못한다면 인식 주체는 자신의 믿음이 문제의 정당화 기준을 충족하더라도 그 사실이 문제의 믿음이 참이 될 가능성이 크다고 생각할 만한 이유를 가지지 못할 것이기 때문이다.23)

봉쥬르의 견해는 인식 정당화에 관한 의무론적 견해를 반영하는 것으로, 인식 의무의 이행 여부의 관건을 쥐고 있는 것은 오직 인식 주체라는 입장을 충실히 보여주고 있다. 그러한 의무론적인 견해에 비추어 볼 때 인식 주체가 한 믿음을 받아들일 만한 적절한 이유가 있음에도 그것과는 무관한 이유에서 그 믿음을 받아들인다면 그 인식적 의무를 올바르게 이행했다고 볼 수

---

21) 앞의 책, 8쪽.
22) 앞의 책, 같은 쪽.
23) 앞의 책, 10쪽.

없다. 봉쥬르에 의하면 인식적 의무를 이행하기 위해서는 한 믿음을 참이라고 여길 수 있는 이유가 있어야 함은 물론이고 그 이유가 문제의 믿음을 정당화한다는 의식을 가져야 할 것이 요구된다.

치즘(R. Chisholm)도 인식 의무에 대해 일관된 입장을 보이고 있다. 그에 의하면 우리는 어떤 명제를 받아들임에 있어 그것이 참인 경우 또 오직 그 경우에 한해 자신이 그 명제를 받아들이는 결과를 초래하도록 해야 하는 지적 책임을 지니고 있다. 그것은 바로 지적인 존재로서 인간이 져야 할 책임이자 의무인 것이다. 따라서 어떤 시점에서 어떤 인식 주체에 대해 q에 비해 p가 더 합리적이라는 것은 바로 그 시점에서 지적인 존재로서의 그의 책임이 q보다는 p에 의해 더 잘 달성되게 되어 있다는 것을 의미한다.24) 치즘에 의하면 지적 존재로서 인식 주체는 그의 믿음을 정당화시킴으로써 자신에게 긍정적인 인식적 지위에 도달해야 하는 혹은 인식적 탁월성(*epistemic excellence*)을 성취해야 할 입장에 있다. 그러한 지위에 도달해야 할 혹은 인식적 탁월성을 성취하는 일은 인식 주체가 얼마든지 할 수 있는 일로서 그가 그 일에 게을리 한다는 것은 인식적 책임을 다하지 못하는 결과가 될 것이다. 이러한 의미에서 인식적 의무의 개념은 내재성과 연결된다. 즉 봉쥬르의 경우와 마찬가지로 치즘의 경우에도 인식 주체가 인식적 의무를 다하기 위해 해야 하는 노력은 인식 주체가 할 수 있는 것으로서 인식 주체에 내재적인 것이라고 말할 수 있다. 그에 있어 인식 주체의 인식 정당화의 여부를 결정

---

24) Chisholm(1977), 14쪽.

짓는 것은 전적으로 인식 주체의 능력에 달려 있는 문제이며, 그
러한 사실은 곧 내재성의 전형으로 이해된다. 이와 동일한 맥락
에서 코니(E. Conee)는 다음과 같이 말하고 있다.

> "누구든 자신의 믿음이 참이라는 증거에 반성적으로
> 접근할 수 있는 경우에 한해 그 믿음은 정당화된다.
> …… 위의 예들에 비추어 다음과 같은 결론을 내리는 것
> 이 합리적이다. 즉, 어떤 믿음이 참임을 뒷받침하는 증거
> 에 대해 인식 주체가 인식적으로 접근할 수 있는 경우에
> 만 그 믿음은 인식적으로 정당화된다. 다시 말해 정당화
> 하는 증거를 반드시 내재적으로 입수할 수 있어야 한
> 다."[25]

여기에서 "정당화하는 증거를 반드시 내재적으로 입수할 수
있어야 한다."는 구절은 문제의 증거가 단순히 있는 것만으로는
충분하지 않으며 인식 주체가 반성에 의해 그 증거에 내적으로
접근할 수 있는 길이 있어야 한다는 것을 함축하는 것이다.

지금까지 논의한 인식론자들은 인식적 정당화를 책임이라든가,
혹은 의무 충족의 개념에 의거하여 해명하려는 전략을 취하고
있다. 이러한 관점에 입각할 때, 정당화된 믿음을 지니지 못한다
는 것은 자신이 해야 할 의무를 소홀히 했다는 점에서 비난받을

---

25) E. Conee(1988), 398쪽. 이러한 코니의 입장은 펠드만(R. Feldman)과 공
   동으로 쓴 『Evidentialism』에서 "명제 p에 대한 의견상의 태도(doxastic
   attitude) D가 시점 t에서 S에 대해 인식적으로 정당화되는 것은 명제 p
   에 대해 D의 태도를 지니는 것이 시점 t에서 S가 입수한 증거와 맞아
   떨어지는(fit) 경우 또 오직 그 경우에 한한다."는 주장과도 부합한다.
   R. Feldman & E. Conee(1985), 15쪽 참조.

일이다. 그러나 알스톤은 정당화의 개념을 이러한 의무론적 관점
과는 또 다른 방식으로 해명하고 있다. 알스톤은 '정당화'가 평가
적 개념이라는 데 동의한다. 그러나 그가 말하는 평가는 인식론
적 의무의 이행과 관련된 것이 아니다. 알스톤에 의하면 믿음을
정당화하였다는 것은 의무를 이행했다기보다는 인식적인 관점에
서 좋은 일을 한 것이다. 인식적인 관점에서 좋다는 것은 진리를
극대화하고 거짓을 최소화해야 한다는 목표의 관점에서 이해해
야 하며 지적인 의무를 소홀히 하지 않음으로써 비난받지 않을
상황에 있다는 개념과는 구분되어야 한다. 만일 인식 주체가 자
신이 입수한 모든 증거에 입각해 판단할 수 있는 한 그가 믿고
있는 것이 참일 경우 그러한 목표에 가장 접근했다고 말할 수
있으며, 따라서 어떤 믿음이 적절한 근거에 입각해 있고 그 믿음
을 뒤엎을 만한 이유를 인식 주체가 지니고 있지 않을 경우 인
식 주체는 위에서 말한 인식적 목표를 달성한 것으로 볼 수 있
으며, 그렇기 때문에 인식적인 관점에서 좋은 일을 한 것으로 취
급될 수 있다.26)

---

26) 인식 정당화의 개념이 갖는 특성상 기술적이기보다는 평가적 개념이라
는 점에 있어서만큼은 분명히 하고 있지만, 이후 **Alston(1988)**에서 그는
이 개념이 이러한 평가적 지위가 수반하고 있는 기초에 전적으로 의존
하고 있다는 점에서 그렇게 순수하게 평가적이지만은 않다고 지적하고
있다. 여기서 알스톤은 '적절한 근거'는 'p의 참임을 직접적으로 드러
내 줄 수 있는 것'이어야 한다는 주장으로 이를 뒷받침하고 있다. 따
라서 "정당화에 대해 요구되는 일종의 접근가능성을 위하여 폭넓게 공
유되는 강력한 그러한 직관"을 찾는 데 있다는 그의 주장에서 알 수
있듯이, 단순히 인식 주관의 의무, 책임에만 머무르지 않고 S와 상충을
일으키는 그 어떠한 논박가능성도 허용하지 않는 방식으로 자신의 입
장을 정리하고 있다.

또한 레러와 코헨이 주장하고 있는 인식 정당화는 인식적 목표에 비추어 이를 얼마나 잘 성취했는지에 관한 평가로 보고 있다.27) 인식적 목표에 따라 그 정당화 여부가 결정된다는 측면에서 반드시 인식적 의무라든가 책임의 문제일 필요는 없다고 보고, 한 인지자의 인식적 행위는 그러한 목표에 도달하기 위하여 얼마나 좋은 방식(good way)에 따르느냐는 점에서 정도에 따른 정당화임을 주장한다. 그럴 경우 용어의 사용에 있어서도 '정당화'라는 개념보다는 '합리성(rationality)'이라는 개념이 오히려 더 적절하다고 보고 있다. 사실상 이러한 관점에 따를 경우 문제가 되는 것도 인식적 목표에 대한 수단의 적절성이라고 할 수 있는 수단-목적의 합리성에 있음은 분명해 보인다.

앞에서 언급한 철학자들과 달리 전혀 다른 시각으로 인식 정당화를 규명하고 있는 골드만은 한 믿음의 정당화를 인식 주체의 내재적 요인 대신에 외적 요소에서 찾고 있다. 골드만의 시도를 외재론적 개입을 통한 정당화 개념의 해명이라고 말할 수 있을 것인바, 그는 초기 분석에서 다음과 같이 주장하고 있다.

> "한 믿음의 정당화는 그 믿음을 발생시킨 과정 내지는 과정들의 신빙성의 함수이다. 여기서 말하는 과정(제일 근사치로서)의 신빙성은 그 과정이 거짓이 아닌 참인 믿음을 산출하는 경향에 있게 된다."28)

---

27) K. Lehrer & Cohen(1983) 참조.
28) Goldman(1979), 10쪽.

위와 같은 골드만의 언급은 그가 신빙성 있는 믿음-형성 과정을 정당화 부여 속성으로 보고 있음을 의미한다. 이 이후에도 골드만은 위의 초기 입장의 근간을 유지하면서 정당화에 대한 자신의 입장을 다음과 같이 보다 엄밀하게 정식화하고 있다.

> "시점 t에서 인지자의 믿음 p에 대한 다음 경우 또 오직 다음 경우에 한해 정당화된다. 즉, 그 인지자의 의견적 상태(*doxastic states*)로 이루어진 어떤 배열이 존재하되 그 배열(sequence)을 이루는 각 항은 어떤 (단일한) 올바른 정당화 규칙 체계(right J-rule system)에 의해 다음 항으로 넘어갈 수 있으며 또한 문제의 인지자의 믿음 p는 그 배열에서 제일 마지막 항을 이룬다."29)

정당화에 관한 위의 정의에 등장하는 정당화 규칙 체계의 올바름을 골드만은 다음과 같이 정의하고 있다.

> "정당화 규칙 체계 R은 다음 경우 또 오직 다음 경우에 한해 옳다. 즉, R은 어떤 (기본적인) 심리적 과정을 허용하는데, 실제로 이 과정에 따라 믿음을 형성하면 참인 비율이 어떤 구체적으로 높은 (0.5보다는 큰) 한계치를 넘는 결과가 야기된다."30)

전기 골드만에 따르면, 한 믿음이 정당화되는 것은 신빙성 있는 믿음-산출 과정이나 메커니즘에 의해 산출되는 경우이다. 이에 반해 후기에서 골드만은 믿음의 형성이 '어떤 정당화 규칙에 의해 허용된 과정'을 만족시키면 정당화되는 것으로 규정하고 있

---

29) Goldman(1986), 83쪽.
30) Goldman(1986), 106쪽.

다. 이 점에서 골드만의 전기와 후기 이론은 차이를 보이고 있는 데 그러한 차이에 관한 구체적인 논의는 4장에서 다루게 될 것 이다.

인식 정당화에 관한 인식론자들의 이론이 이처럼 중구난방에 가까울 정도의 혼란상을 보이는 이유를 어떻게 설명할 수 있을 까? 여기서 그 이유에 대한 설명을 시도하기 앞서 우선 위에서 논의한 인식 정당화에 관한 각 인식론자들의 이론에 담겨져 있 는 몇 가지 대표적인 입장을 정리해 보기로 하자.

(JR) 인식 정당화는 인식적 책임 내지는 의무의 문제로, 어떤 믿음의 소유자가 그 믿음을 형성하고 유지함 에 있어 인식 의무를 저버렸다는 혐의를 받지 않는 경우에 그 믿음은 정당화된다.

(JI) 인식 정당화에는 내재적인 요소가 있다. 한 믿음의 소유자는 정당화의 주변에 숨어 있는 어떤 중요한 요소라든가 그 정당화의 근거, 혹은 그 근거들과 정당화된 믿음 간의 관계에 인지적으로 접근할 수 있는 길이 있어야 한다.

(JE) 인식 정당화는 증거의 확보에 관한 문제이거나, 적 어도 증거에 의존한다.

(JC) 인식 정당화를 위해서는 인지자의 믿음이 그 믿음 의 역사라고 할 수 있는 근거에 의해 야기되어야 한다.

(JR)은 인식 정당화에 관한 의무론적 견해라고 부를 수 있는 데, 적어도 봉쥬르와 코헨은 이러한 입장을 분명하게 옹호하고 있으며, 초기의 알스톤도 이 입장에 부분적으로 동조하고 있다. 골드만은 (JI)에서 한 발짝 물러선 입장을 취하고 있지만 알스톤이나 코니 그리고 레러와 코헨은 이를 적극적으로 수용하고 있다. (JI)에서 말하는 인지적 접근가능성은 특별한 접근가능성으로 오직 인지자만이 반성에 의해 접근가능성 여부를 결정할 수 있다. (JE)는 알스톤, 퍼스, 코니, 필드만, 치즘 등에서 전형적으로 드러나고 있으며, (JC)는 골드만의 입장으로 평가된다.

위에서 우리는 '인식적으로 정당화됨'의 개념에 대한 몇 가지 분석을 살펴보았다. '책임 있게 형성됨', '신뢰성 있게 산출됨', '인지자가 적절한 증거를 가지고 있음', '내재적으로 접근가능하고 진리에 기여하는 그러한 근거에 기초하여 형성되었음', '인지자가 인지적 목적을 잘 추구한 것으로 평가받을 만함' 등이 인식적 정당화에 대한 대표적인 분석이라고 할 수 있는데 실제로 인식론자들이 제시한 인식 정당화의 정의는 대부분 위의 분석의 범위를 넘지 않는 것으로 보인다.

앞서 몇 차례 밝힌 것처럼 인식 정당화 개념이 하는 역할은 인식 주체의 믿음을 주관적인 단계에서 세계에 관한 객관적인 진리의 단계로 이끄는 것이다. 구체적으로 그 개념이 어떤 성격의 것일 때 그러한 인지적 역할을 할 수 있는가 하는 것에 대해 위에서와 같은 다양한 분석이 제기된 것은 정당화의 개념이 본래 단일한 방식으로 포착하기 어려운 속성을 지니고 있음을 반증하는 것으로 생각할 수 있다. 이러한 상황에서 특정한 시각을 바탕으로 한 가지 분석에만 고집스럽게 매달려 자신의 입장을 어떻게 해서든 강화하려는 태도를 취할 수도 있지만, 그러한 태도는 정당화의 개념을 올바르게 이해하는 데 결코 유리하다고는 할 수 없을 것이다. 예를 들어 정당화가 규범-평가적 개념이라는 입장만을 고집하고 인식 정당화에 대한 모든 입장을 이를 기준으로 그 타당성을 평가하려는 태도는 그 개념의 어떤 측면을 이해하기 위한 하나의 방편이 될 수 있을지는 몰라도 그 개념의 전모를 올바르게 이해하는 데 별반 효과적이지 않은 것으로 보인다. 따라서 우리는 다양한 스펙트럼을 지니고 있는 정당화 개념을 보다 올바르게 이해하기 위한 다른 접근 방식을 선택해야 할 필요가 있다. 다음 절에서는 그러한 새로운 접근 방식에 의거할 때 정당화의 개념이 어떻게 분류되는가를 살펴보기로 한다.

4. 인식 정당화의 두 견해

우리는 앞서 정당화 개념에 관한 전통적인 입장과 새로운 입장에 대해 언급한 바 있다. 앞 절에서 제시한 인식적 정당화에 관한 네 가지 견해를 전통적인가 아닌가에 의해 구분한다면 (JR)과 (JI), 그리고 (JE)는 전통적인 부류로 구분될 것이고 나머지 (JC)만이 새로운 견해로 분류될 것이다. 정당화 개념에 대한 다양한 견해들 간의 대립을 이해함에 있어 그것들을 이처럼 단순히 전통적인 입장과 새로운 입장으로 분류하는 것도 전혀 의의가 없는 것은 아닐 것이다. 그러나 전통적인 입장과 새로운 입장을 분류하는 것이 정당화 개념이 지니고 있는 폭넓은 스펙트럼을 조명하는 데 그렇게 유리하거나 적절한 전략이라고는 말할 수 없다. 정당화에 대한 어떤 분석이 전통적인 방식에서 벗어난 새로운 방식에 의한 것인가 아닌가를 정확히 가렸다고 해서 그 개념에 대한 우리의 이해의 폭이 크게 넓어졌다고는 말할 수 없다. 실제로 인식 정당화에 관한 견해는 위에서 제시된 것 이외에도 얼마든지 있으며 그것들도 전통적인 입장과 새로운 입장으로 분류할 수 있을 것이다. 그러나 문제는 이러한 식의 분류가 인식 정당화 개념을 이해하는 데 얼마나 큰 도움을 주는가 하는 것이다.

어떤 분류도 문제되는 분류의 대상에 관한 우리의 이해를 확장시키는 데 얼마만큼 기여하는가에 따라 그 의의가 결정될 것이다. 전통적인 입장과 새로운 입장이라는 분류 방식 역시 정당화에 대한 우리의 이해의 지평을 얼마간 넓혀 주고 있는 것은 사실이지만 인식 정당화 개념에 대한 이해보다는 분류된 두 입장 간의 대립의 측면에 분류의 초점이 맞추어져 있는 듯한 인상을 주고 있다. 따라서 정당화 개념의 이해를 증진하기 위한 측면에서는 그러한 분류보다는 다른 분류 방식을 모색해 보아야 할 필요가 있을 것이다.

인식 정당화의 개념을 둘러싼 인식론자들 간의 대립 구도를 보다 잘 조망할 수 있는 효과적인 구분 방식이 있다고 한다면, 그것은 믿음과 진리 간의 간격을 메우기 위한 가능한 방식에 따라 '출발점'을 기준으로 구분하는 것이다. 이미 살펴본 것처럼 정당화는 믿음과 진리와의 간격을 메워줄 수 있는 개념적 장치로서 그 자체 '연결' 혹은 '뒷받침'을 함축하는 동시에 지식을 성립시킬 수 있는 가교로서의 역할을 하고 있다. 인식 정당화는 그러한 역할을 믿음에서 시작하여 그것을 진리로 연결시킴으로써 달성할 수 있는가 하면, 반대로 진리를 출발점으로 한 과정에서 믿음이 그 종착점이 되도록 함으로써 달성할 수도 있을 것이다. 이와 같이 '출발점'을 어디로부터 삼느냐에 따라 크게 두 입장을 구분하는 것이 가능하다. 좀 거친 구분이기는 하지만 전자를 '진리 지향적 견해'로, 그리고 후자를 '믿음 발생적 견해'로 부를 수 있을 것이다. 전자가 순수하게 주관적인 믿음에서 출발하여 진리에 도달하는 모델을 반영하고 있다면, 이에 반해 후자는 진리를 출발점으로 해서 믿음에 도달하는 모델을 반영하고 있다. 현대 인식론을 인식 정당화의 본성에 관한 논쟁이라고 한다면, 이와 같은 구분 방식은 현대 인식론에서 정당화를 둘러싸고 다양하게 전개되는 제반 이론을 이해하는 데 얼마간 실질적인 기여를 할 수 있을 것으로 생각된다.

전통적인 인식론에서는 주관적인 믿음을 출발점 삼아 진리에 도달하는 접근 방식이 자연스러운 것으로 여겨져 왔으며, 따라서 정당화를 둘러싼 모든 논쟁은 이와 같은 틀 내에서 진행되었다. 전통적인 인식론의 전형이라 할 수 있는 토대론은 말할 것도 없거니와 토대론에서 기초적 믿음의 개념에 대한 불신에서 그 대안으로 등장한 정합론, 그리고 증거론 역시 이러한 범주에 든다고 할 수 있다. 토대론과 정합론 그리고 증거론을 비롯한 모든 내재론은 사실 이와 같은 진리 지향적인 성격을 지닌 견해로 분류된다.31)

---

31) 통상 내재론의 전형으로 여겨지는 '토대론'과 '정합론'이 과연 내재성

내재론에 따르면 한 믿음이 정당화되는 것은 어디까지나 인식 주관의 내성에 따른 것으로 이것은 인식 주관의 개입이 인식 정당화에 필수적인 요건임을 의미한다. 즉 내재론은 순수하게 주관적인 성격을 지닌 믿음에 역시 인식 주관을 개입시킴으로써 진리라는 목표에 접근할 수 있는 것으로 보는 것이다. 여기서 정당화를 위해 개입되는 인식 주관은 역시 주관적인 것이기는 하지만 주관적인 믿음의 영역에서 객관적인 진리의 영역을 연결하는 연결고리의 역할을 하는 셈인데, 문제는 주관적인 요소인 인식 주관을 개입시킴으로써 어떻게 주관적인 믿음을 객관적인 진리로 연결시켜 줄 수 있는가 하는 것이다. 만일 이러한 내재론의 주장이 옳다면 진리는 엄밀히 말해 인식 주관이나 우리의 인식적 접근과는 독립된 존재성을 지니게 되지 않을 것이며, 오직 인식 주관에 속하는 것이 될 것이다. 따라서 주관적인 영역에 속하는 믿음에서 출발하여 그에 따른 진리의 확보가 결국은 '정당화'인 셈이다. 따라서 우리는 내재론을 거부하거나 혹은 거부하지 않는다면 정당화가 우리의 믿음을 한낱 주관적인 지위에서 객관적인 진리로 이끄는 역할을 한다는 주장을 포기해야 할 것이다.

이처럼 진리 지향적 견해에 따를 경우, 인식 정당화는 한 믿음에 대한 내재적 고려의 함수가 되어 주관적인 믿음으로부터 출발하여 정당화에 의해 진리에 도달할 가능성은 전적으로 인식

을 철저하게 반영할 수 있느냐는 물음에 대해, 특히 김기현 교수의 경우에는 그 기준을 무엇으로 삼느냐에 따라 달리 해석될 소지가 있음을 지적하고 있다. 이에 따르면, 그 기준에 따라 레러나 봉쥬르의 경우도 외재론으로 분류할 수 있는 소지가 있음을 지적하고 있다. Kim(1993), 303~316쪽 참조.

주관에 달려 있게 된다. 인식적 정당화에 대한 믿음 발생적 견해
는 바로 이러한 가능성에 대한 회의에서 비롯되는 것이다. 믿음
발생적 견해에 따른 정당화는 진리에 입각하여 믿음을 확보하는
데 있으며, 따라서 믿음과 그 믿음을 참이 되게 하는 것과의 관
계에 의해 지식이 산출된다. 다시 말해 한 믿음의 정당화는 믿음
과 그것을 참이 되게 하는 사실을 이어주는 적절한 역사적 관계
에 의존한다. 진리로부터 시작하여 그 진리를 드러내 줄 수 있는
믿음을 연결시켜 주는 그 관계는 인식 주관의 영역과는 전혀 무
관한 외적인 성격을 갖는다. 따라서 믿음 발생적 견해를 지지하
는 인식론자들은 그러한 역사적 관계를 인과적 관계[32]나 법칙적
인 관계로 보기도 하고,[33] 반사실적인(counterfactual) 것으로 분석
하기도 한다.[34]

　진리를 고스란히 담고 있는 믿음이 산출되기 위해서는 진리를
반영해 줄 수 있는 인지 과정이 요구됨은 당연하다. 그러한 인지
과정은 참인 믿음을 담아낼 수 있는 시스템으로서 그와 같은 시
스템이 작동함으로써 진리가 인과적 혹은 법칙적인 외적 과정을
밟아 참인 믿음으로 산출되는 것이다. 여기서 제기될 수 있는 하

---

32) 한 믿음과 진리와의 연결을 인과 관계로 분석하는 논의는 특히 골드만
　　에게 있어 전형적으로 드러나고 있다. Goldman(1986), 3장 참조.
33) 한 믿음과 그 믿음을 참이 되게 연관시키는 것은 어떤 자연 법칙으로부
　　터 비롯되는 관계로 해석해야 한다는 주장으로는 암스트롱(D. M.
　　Armstrong)과 드레츠키(Fred Dretske)의 이론이 있다. 특히, Armstrong(1973)
　　과 Dretske(1981)에서 잘 나타난다.
34) 반사실적 주장은 "만일 믿음이 참이 아니라면, 나는 그것을 믿지 않을
　　것이다."라는 인식론적 테제로, 특히 노직(R. Nozick)에게서 잘 드러난
　　다. Nozick(1981), 3장 참조.

나의 물음은 그처럼 진리를 완벽하게 담아낼 수 있는 인지 시스템이 정말로 존재하는가 하는 것이다. 만일 이러한 시스템을 인간이 지니고 있지 못하다면 적어도 믿음 발생적 견해에서 말하는 방식으로 참인 믿음을 우리는 형성할 수 없을 것이며 참인 믿음이 아닌 한 지식이 될 수 없다면 그들의 입장에서는 인간은 지식을 얻을 수 없을 것이다. 그러나 믿음 발생적 견해에서 강조하는 것과 같은 인지 과정이 존재한다고 해도 문제는 남는다. 그것은 그 인지 과정을 이루는 인과적 혹은 법칙적 과정을 밟았다는 것을 인식론에서 받아들일 수 있는 정당화 개념과 동일시할 수 있는가 하는 문제이다. 대부분의 인식론자들이 수용하고 있는 정당화 개념은 어디까지나 평가적 개념이다. 그러나 인과적 법칙적 관계는 사실적 관계로서 그러한 사실적 관계에 의거해서는 서술적인 개념만이 나올 뿐 평가적 개념이 형성될 수 없으리라는 것이다. 정당화는 규범의 문제에 속하지만 법칙적 관계는 사실의 영역에 속하며 이 두 영역 사이에는 넘을 수 없는 간격이 있다는 것이 전통적인 입장이었다. 그러나 믿음 발생적 견해를 지지하는 진영에서는 규범의 영역과 사실의 영역이 상호 호환될 수 있다는 것인지, 아니면 '정당화'라는 규범적 개념을 명목상으로만 사용하자는 것인지에 대한 태도가 분명해 보이지 않는다. 이 문제에 관한 보다 세부적인 논의는 다음 장에서 이루어질 것이다.

위에서 진리 지향적 견해와 믿음 발생적 견해 간의 구분은 다양한 인식 정당화론을 이해하는 데 실질적인 도움을 준다. 이 점을 증명하기 위해 앞 절에서 든 현대 인식론자들의 주장을 위의 구분에 입각하여 분류해 보기로 한다. (JR)의 주된 논점이 한 믿음의 정당화가 '인식적 책임가능성', 혹은 '인지적 목적 추구에 대한 평가'에 있다는 것이라면 (JI)는 '인지적 접근가능성', (JE)는 '증거 가짐'에, (JC)는 '신뢰성 있게 산출되었음'에서 정당화의 기준을 찾는 입장으로 보인다. 그러면 (JR)과 (JI)를 진리 지향적 견해로, (JC)는 믿음 발생적 견해로 분류할 수 있을 것이다. (JE)에서 '증거(evidence) 가짐'의 경우 '증거'를 어떻게 해석해야 할 것인가를 둘러싸고 논란의 여지가 있는 것은 사실이지만,35) 그것은 여하간 증거를 인식 주관의 심적 상태를 반영하는 개념으로서 내재적 정당화에 따른 것으로 보았을 때, 인지자의 '증거 가짐'의 문제는 곧 진리 지향적 견해로 분류할 수밖에 없을 것이다.

(JE)와 관련하여 살펴보아야 할 또 다른 인식론적 견해는 (JR)에 대한 반론이 거세지면서 하나의 가능한 대안으로 제시된 이론인 '증거론(evidentialism)'이다. 펠드만과 코니는 R. Feldman & E. Conee(1985)에서 한 사람이 가지고 있는 증거와 그의 인식 정당화 상태가 밀접한 연관을 갖는다는 것을 거부하는 입장에 강력히 대항하는 논문을 발표했다.36) 그 글이 노리고 있는 목적 중

---

35) '증거'를 넓은 의미로 해석했을 때 '근거(ground)'가 된다. 반대로 근거에 대한 좁은 의미는 증거가 된다. 특히, 외재론에서는 좁은 의미의 증거가 내재론의 '뒷받침'에 해당하기 때문에 가급적 구분 지어 사용하려는 것 같다.

36) R. Feldman & E. Conee(1985) 참조. 이 논문의 주목적은 당시에 내재론들 사이에서 주로 논란의 대상이 되었던 '인식 의무'에 관한 가능한 해결책을 제시하려는 것이었다. 그 글은 콘브리스의 Kornblith(1983)에서 촉발된 것으로 보이는데, 그 논문에서 콘브리스는 인식 주체가 참인 믿음에 도달함에 있어 따라야 할 이상적인 추론의 규칙이 있음을

하나는 인식 정당화가 인식 주체가 가지고 있는 증거뿐 아니라 그의 인지 능력, 인식적 책임가능성 등에 의해서 결정된다는 입장을 반박하기 위한 것인데, 그들이 내세우는 증거론은 (JR)의 관건인 '인식 의무'에 집착할 필요 없이 내재론적 기조를 유지하면서 믿음의 정당화를 효과적으로 설명하고 있다는 점에서 (JC)에 대항하는 이론으로 평가된다.

한 믿음의 정당화는 그 믿음이 어떻게 발생하였는가에 좌우된다고 보는 '믿음 발생적 견해'로 (JC)가 이에 속하는 대표적인 유형이라고 할 수 있다. '믿음 발생적 견해'는 한 믿음의 정당화 여부가 신빙성 있는 믿음 형성 과정에 따른다든지 타당한 근거에 의해 야기되었는가의 여부에 의해 결정된다는 것인데 그것은 그 믿음의 발생 근거가 되는 역사에 있다고 본다는 점에서 (JC)에 해당한다고 말할 수 있기 때문이다. (JC)로 분류되는 이론들은 한 믿음의 정당화가 그 믿음이 어떻게 형성되었는지에 의해 결정된다고 봄으로써 진리를 전적으로 드러내 줄 수 있는 믿음을 달성하려는 전략을 취하게 된다. 그렇다면 한 믿음의 형성 방식이 그 믿음의 정당화를 결정하게 되고, 한 믿음이 형성되는 것은 인과적 과정과 같은 외재적 요소에 의한 산출이다. 따라서 '믿음의 발생', '한 믿음의 형성 방식'에 의거하여 인식 정당화를 정의하려는 입장에서는 정당화된 믿음이 곧장 진리를 전적으로 반영

전제하고 그러한 규칙을 인식 주체가 가능한 한 따랐는가에 대한 평가로써 인식적 책임을 말할 수 있다고 주장하고 있다. 이러한 의미에서 인식적 책임을 완수함으로써 그의 믿음을 정당화했다는 것은, 인식 주체가 자신이 참된 믿음을 지니는 결과를 초래함에 있어서 그가 마땅히 해야 할 책임을 다했다는 말과 같다. Kornblith(1983) 참조.

하는 믿음이 되는 것이다. 진리로부터 출발점을 삼아 그 진리를 담아낼 수 있는 믿음으로 향하게 되는 전략을 채택하는 이유도 바로 여기에 있다.

이에 반해 (JR)과 (JI)를 반영하는 '진리 지향적 견해'에 따르면, 한 믿음의 정당화는 주어진 시점에서 그 믿음의 참됨에 관한 인식 주관의 개입에 따라 결정된다. 따라서 인식 정당화는 한 믿음의 형성 과정보다는 인지자가 그 믿음에 대해 참인지를 의식하고 있느냐의 여부에 달려 있게 된다. 즉 진리의 관점에서 볼 때 그것이 인지자에게 어떻게 반영되고 있느냐가 한 믿음의 정당화를 결정하는 관건이 되는 것이다. 게다가 인지자의 개입에 따라 정당화가 결정된다는 점에서 그 인식적 정당화의 책임 또한 인지자에게 주어질 수밖에 없다.

위에서 우리는 인식 정당화에 관해 대별되는 두 입장에 입각하여 현대 인식론에서 쟁점이 되고 있는 여러 견해들을 적절하게 분류할 수 있음을 보았다. 물로 이와 같은 분류가 전적으로 만족스럽다고는 할 수 없지만, 적어도 전통적인 견해와 새로운 견해라는 단순한 이분법적인 구분을 통해 인식 정당화론에 접근하려는 시도는 오히려 한 입장에 대한 맹목적인 선호 내지 그 입장들에 대한 제한된 이해에 머물고 말 우려가 크다는 것이 자연스럽게 드러났다고 생각한다. 더군다나 게티어의 문제에 대한 해결책을 둘러싸고 본격적으로 대립되기 시작한 두 입장이 이제는 지식 내지 정당화된 믿음의 목표를 달성하려는 본래의 취지와는 거의 무관한 방식으로 전개되고 있는데, 어떠한 인식론에 관한 논쟁도 인식적 목표와 분리되어 진행되어서는 안 된다는 점을 감안한다면, 두 입장 간의 단순한 대립 구도만으로는 우리에게 아무것도 말해주고 있는 바가 없을 것이다. 이에 반해서, 인식 정당화의 출발점이 진리에 있는가 혹은 믿음에 있는가에 따른 분류는 인식론의 목표와 관련하여 시사해 주고 있는 바가 있으며 그 점에서 정당화의 본성을 잘 반영해 주고 있다고 말할 수 있다.

믿음 발생적 견해와 진리 지향적 견해는 각각 정당화를 위한 인식적 지위의 본성에 관한 입장들이다. 진리 지향적 견해가 한 믿음의 인식적 지위가 인지자의 조망 혹은 관점에 따른 내적 요인에 의해 전적으로 의존하는 입장이라고 한다면, 믿음 발생적 견해는 인지자의 인지적 능력에 따른 믿음의 인과적 발생 혹은 신빙성 등과 같은 외적 요인에 의존하게 된다. 그렇다면 이와 같은 구분이 어떤 의미가 있으며, 이를 통해 무엇을 드러내기 위한 것인지 되묻지 않을 수 없다. 앞에서도 언급한 바와 같이 이러한 구분은 세계라고 하는 외적인 요소와 이를 있는 그대로 반영하고자 하는 인식 주관의 내적 요인과의 이질성에서 찾을 수 있을 것이다. 인식 정당화론의 목표가 이러한 이질성의 극복에 주안점을 두고 있다면 진리 지향적 견해에 가해지는 주된 비판은 외적 세계가 인간의 인식과 독립적으로 존재하기 때문에 이에 관한 접근 가능성의 한계가 그 표적이 될 것이다. 하지만 외재론 역시 이로부터 자유롭지 못하다. 이는 인간의 인식과 단절된 세계를 연결시켜 주는 것 자체가 그리 만만치는 않을 것이고, 만일 그런 것도 아니라면 세계를 반영해 줄 수 있는 새로운 인간상에 대한 설명 역시 요구될 것이기 때문이다.

이러한 믿음 발생적 견해와 진리 지향적 견해 간의 팽팽한 긴

장을 통해 앞의 물음에 대한 일차적인 답변은 '인간의 인식과 세계와의 괴리를 인정하는 것'이고, 이차적으로는 그렇다면 '순수하게 주관적인 것에서 그 출발점을 이루는 믿음이 세계상을 그대로 드러내 줄 수 있어야 하거나 동시에 그 세계상 역시 우리의 믿음에 있는 그대로 반영될 수 있어야 할 것'이다. 이에 따라 진리 지향적 견해에서는 세계의 모습을 전적으로 그려줄 수 있는 실마리가 내적인 것에 관한 해명을 통해 가능하다면, 믿음 발생적 견해에서는 세계의 모습이 우리의 믿음에 그대로 반영되기 위해서는 그렇게 반영될 수 있는 외적인 관계에 대한 해명이 필수적임을 의미한다.

이는 동시에 '뒷받침 관계'를 어떻게 보느냐에 따라 진리 지향적 견해와 믿음 발생적 견해라는 두 견해가 상호 대립적으로 드러나고 있음을 확인할 수 있었다. 이와 같은 상호 대립적인 양상은 2절의 [예 3]의 예에서 순이의 믿음이 정당화되지 못한 것은 믿음과 증거 간에 '인과적 관계'가 결여된 데 있다는 진단과 순이 자신이 그 뒷받침 관계를 올바르게 의식하지 못한 데 있다고 했다. 전자의 경우 순이가 r이 아닌, p의 근거라 할 수 있는 q가 원인이 되어 이를 믿었더라면, 그의 믿음은 적절한 근거에 의해 뒷받침된 믿음이므로 정당화된다는 것이다. 여기에서 인식 정당화를 위해 필요한 뒷받침 관계는 인과 관계를 의미하며, p라는 순이의 믿음이 q라는 근거와의 '인과 관계'를 통한 정당화의 실현이라고 하는 점에 비추어 본다면, 이는 믿음-발생적 견해에 따른 것임을 알 수 있다. 이에 반해 순이의 믿음이 정당화되지 못한 후자의 설명에 따르면, 순이의 믿음 p와 그 타당한 근거가 되는 q 사이에 그 뒷받침 관계를 의식하지 못한 데 있는 것이기 때문에 순이의 믿음이 그 타당한 근거에 따른 관계를 제대로 의식하고 있었다면 그 근거에 따른 믿음이 되었을 것이고 정당화되었을 것이다. 결국 주관적인 순이의 믿음에서 출발하여 그 믿음의 근거인 q라는 실재를 전적으로 반영해 줄 수 있는 관건은 순이의 내적 요인에 의해 결정된다는 입장으로 요약되고, 이 역시 진리 지향적 견해를 잘 반영해 주고 있다. 이를 토대로 (JR)과 (JI)에 대한 보다 효과적인 분석이 될 수 있기 위해 그 이론적 근거와 그에 관한 이유를 살펴보는 것이 무엇보다 중요할 것이다.

우리가 정당화의 출발점에 주목한 것은 인식적 목표의 달성이라는 취지에 부합하는 최선책을 제시하기 위한 것이었으며 따라서 그러한 출발점에 따른 구분에 의해 현대 인식론의 각 입장을 포섭시킬 수 있음을 보았다. 서로 대립되는 두 입장 간에 상호 조화가능성에 대한 모색도 각각의 특성을 부각시킴으로써 실현될 수 있는 것이 아니라 인식 정당화의 목표를 통해서 실현될 수 있을 것인데, 그렇다면 위에서 말한 분류 기준이 여러 인식 정당화론을 조화시킬 수 있는지 여부를 가늠하는 데 첩경이 될 것이다. 이 글에서 관심을 갖는 것도 그 점이며 따라서 앞으로 전개될 논의는 믿음과 진리를 동시에 반영할 수 있는 방식이 어떠한 것이냐에 초점을 맞추게 될 것이다. 내재론과 외재론 간의 특성들을 부각시키는 것도 이와 같은 목표를 달성하기 위한 경우로 제한하고자 한다.

앞에서 우리는 현대 인식론의 다양한 입장을 진리 지향적 견해와 믿음 발생적 견해로 구분하여 보는 것이 문제의 성격을 일

목요연하게 파악하는 데 크게 보탬이 됨을 보았는데 그러한 구분은 믿음과 진리의 가교인 정당화가 '참인 믿음'의 달성을 위한 것이라는 데 기초한 것이었다. 이러한 관점에서 볼 때 위의 두 견해는 믿음과 진리 가운데 어느 것을 출발점으로 삼을 것이냐에 따른 구분으로서, 그중 어느 견해를 지지하는가에 따라 정당화 상태도 달라지게 된다. 믿음 발생적 견해에서처럼 진리를 반영하는 것에만 비중을 두어 정당화를 설명하려 한다면 인식 주체가 어떻게 지식을 확보하는지에 설득력 있는 답변을 해줄 수 없는 문제에 봉착하게 된다. 그러나 진리 지향적 견해처럼 인식 주체가 진리를 반영해 줄 수 있는 믿음에 직접 접근하여 정당화를 확보하려 할 경우, 아무리 그 믿음이 진리를 반영한다고 해도 인지자의 내적 심적 상태의 테두리를 벗을 수 없다는 반론이 제기될 수 있다. 앞에서 제시된 여러 인식론적 입장은 내·외재론이 안고 있는 그러한 문제를 극복하려는 과정에서 파생된 것으로 이해될 수 있다.

제3장

진리 지향적 견해와 내재론의 구도

1. 정당화 부여 속성으로서의 내재성 :
인식적 의무와 평가

한 믿음의 정당화 부여 속성이 외재적인 요소에 있다기보다는 내재적인 것에 있다는 것이 전통적으로 당연시 여겨지기는 했지만, 그러한 기존의 견해에 대한 회의가 정당화 개념을 둘러싼 최근의 논란을 촉발한 계기를 이루고 있는 것도 사실이다. 내재론에서 정당화 부여 속성은 인식 주관이 그것에 직접적으로 접근할 수 있다(directly accessible)는 특징을 지닌다. 예를 들어, 어떤 사람 S가 눈이 희다는 것을 의식적으로 믿는다고 할 때, 그는 자신의 믿음에 대해 직접적으로 접근이 가능하다. 반면에 S가 아닌 다른 사람들은 그러한 S의 믿음에 대해 기껏해야 간접적으로나 접근이 가능할 따름이다. 내재론과 외재론은 이러한 접근 가능성의 종류에 의거하여 구분하는 것이 가능하다. 즉 내재론은 인식 정당화의 속성을 S에 대해 직접적으로 접근 가능한 측면에 호소하여 정의하고자 한다. 그러나 인식 주체가 직접적으로 접근 가능한 것은 바로 자신의 내적 상태밖에 없으며 이것은 S가 p에

대해 알고 있거나 그에 대한 정당화된 믿음을 갖는다는 것을 내
재론에서는 S가 어떤 '내재적 상태'에 있다는 의미로 받아들인다
는 것을 뜻한다. 내재론자인 치즘은 내재론적 속성의 특징을 다
음과 같이 보다 분명하게 규정하면서 전통적인 인식론의 물음에
대한 접근이 내재론적일 수밖에 없는 것은 분명한 것으로 생각
된다고 말하고 있다.

> "내재론자들은 단지 자신의 의식 상태에 대한 반성을
> 통해, 그가 가질 수 있는 어떠한 믿음에 대해서도, 그가
> 그 믿음을 지니는 것이 정당한지의 여부를 가릴 수 있게
> 하는 일련의 인식적 원리를 정식화시킬 수 있다고 가정
> 하고 있다. 그처럼 정식화한 인식적 원리는 말하자면 외
> 부 지원을 일체 요구하지 않고도 그저 책상머리에 앉아
> 서 착상할 수도, 적용할 수도 있는 원리이기도 하다. 한
> 마디로 인지자 자신의 심적 상태만을 곰곰이 생각하면
> 된다."37)

  믿음이 내재적인 상태인 이상 그 믿음의 소유자가 아닌 다른
사람은 그 믿음에 직접 접근할 수는 없다. 치즘은 그러나 이 점
이 한 사람의 믿음의 정당화 여부를 다른 사람이 평가할 수 없
다는 것을 의미하지는 않는다고 보고 있다. 그 점에 대해 치즘은
다음과 같이 말하고 있다.

> "확실한 것은, 다른 사람의 심적 상태를 확인하지 않
> 더라도 그들이 갖는 믿음을 평가(assess)할 수는 있다는
> 것이다. 또한 우리가 다른 시점들에서 갖게 된 심적 상태

---

37) Chisholm(1989), 76쪽.

> 를 확인할 수는 없어도 그 다른 시점에서 우리가 지녔었
> 던 믿음을 평가할 수는 있다. 이러한 평가가 어떤 의미에
> 서는 '외재적'이라 할지라도, 또 다른 의미에서는 '내재
> 적'이다."[38]

치즘은 한 믿음을 정당화하는 데 오직 인식 주체의 심적 상태
만이 요구될 경우 진리와의 연관성을 상실하게 될지 모른다는
점을 우려하고 있다. 그러한 문제를 그는 내재성과 평가의 차원
을 구분하면서 진리와의 불일치를 극복하려 하고 있다. 즉 믿음
혹은 정당화 속성의 내재성으로 인해 타인에 의한 접근 가능성
은 봉쇄되지만 그렇다고 타인에 의한, 혹은 객관적인 평가 가능
성까지 봉쇄되는 것은 아니라는 것이다. 콰인이 이처럼 내재론에
서의 믿음의 정당화에 대한 평가 가능성을 강조하는 것은 내재
론에서도 진리와의 연관성만큼은 도외시할 수 없음을 의미하는
것이다. 치즘은, 즉 평가 가능성을 통해 내재론이 내재성 그 자
체로부터 벗어나 진리와의 최소한의 연관성을 확보할 수 있다고
본 것이다. 평가 가능성이 내재론으로 하여금 진리와의 연관성을
확보할 수 있게 하기 위해서는 평가의 원리가 반드시 **평가하려**
는 믿음을 가졌던 시점에서 '내재적'인 원리가 되어야 할 것을
요구해서는 안 될 것이다. 즉, 이 원리는 그 당시 자신의 심적 상
태를 반성했을 때 적용할 수 있었을 그러한 원리가 되어서는 안
된다는 점이다. 왜냐하면 그 원리는 지금 문제의 믿음을 **평가함**
에 있어 우리가 입수할 수 있는 정보를 사용하게 되는 것이지
당시에 그 믿음의 소유자들이 입수할 수 있는 자료를 사용하는

---

38) Chisholm(1989), 76쪽.

것은 아니기 때문이다.39) 치즘이 이처럼 믿음의 정당성를 평가할
수 있는 원리의 객관성을 강조하는 데는 인식론의 전통적인 견
해에 따른 '내재적' 개념 그 자체를 통해서는 믿음의 진리를 확
보하는 데 제한적일 수밖에 없다는 생각이 그 바탕에 깔려 있는
것으로 보인다. 이러한 치즘의 지적은 다음과 같은 사례, 즉 두
사람이 동일한 증거를 확보하고 있음에도 불구하고 결국 정당화
상태가 달라질 수 있다는 것을 의미한다. 이 점은 또한 내재론이
반론에 부딪치게 되는 주된 이유가 되기도 한다. 이에 대해 퓨머
턴(Richard Fumerton)은 다음과 같이 말한다.

> "내재론에 따르면 S가 P라는 정당화된 믿음을 갖는다
> 고 하는 것은 S가 어떤 내재적 상태(internal state)에 있는
> 것으로 구성된다는 견해를 내세우는 인식 정당화론이다.
> 그렇다면, 여기에서 두 사람이 동일한 '내재적인' 심적
> 상태로 여길 수 있다는 것은, 그중 한 사람은 알거나 증
> 거를 갖거나 혹은 정당화된 믿음을 갖는 반면, 또 다른
> 사람은 그렇지 않을 수 있다는 관점으로 이해할 수 있을
> 것이다. 확실히 그렇다고 받아들일 수도 있지만, 여기에
> 서 관건이 되는 것은 '동일한 내재적 상태' 내지 '동일한
> 심적 상태'를 어떻게 이해하느냐에 달려 있다. 만일 이
> 러한 심적 상태를 규정하는 속성들 간에 관계적 속성
> (relational properties)을 포함한다면, 분명 외재론자의 입
> 장에서 볼 경우 나의 심적 상태가 당신의 심적 상태와
> 동일하다고 여길 경우 당신이 알고 있는 것을 나는 알게
> 될 것이고, 당신이 믿음에 있어서 정당화된 것은 내가

---

39) Chisholm(1989), 76쪽. 치즘은 그러나 우리가 그 원리를 사용하여 다른
   사람의 믿음을 평가할 수 있다면, 그것은 그 원리가 그 원리에 관해
   우리가 내재적으로 정당하게 믿는 것에 관해 무엇인가를 전제하고 있
   기 때문이라고 말하고 있다. Chisholm(1989), 76~77쪽.

믿음에 있어서 역시 정당화될 것이라는 주장을 받아들이
는 것은 당연하다."40)

바꾸어 말해서, 내재론은 관계적 속성을 포함하고 있지 않기
때문에 두 사람이 비록 동일한 증거를 확보하고 있음에도 불구
하고 그 정당화 상태가 다를 수 있다는 지적이다. 예를 들어, 선
생님과 학생은 공히 전건 긍정식을 사용할 줄 알고, $p \rightarrow (q \rightarrow p)$라
는 정리 또한 알고 있다. 이 두 가지만 알면 전제: $m \rightarrow (n \rightarrow m)$, 결
론: $S \rightarrow [m \rightarrow (n \rightarrow m)]$이라는 논증이 타당하다는 것을 알 수 있다.
선생님은 어렵지 않게 전제로부터 결론을 도출해 낼 수 있으며,
이에 따라 위 논증이 타당하다고 믿는 것이 정당화된다. 하지만
학생은 전건 긍정식과 $p \rightarrow (q \rightarrow p)$라는 정리를 알고도 위의 논증이
타당하다는 것을 모를 수 있다. 그 타당성을 모른다면 위 논증이
타당하다는 믿음은 정당화되지 않을 것이다. 문제는 여기에서 정
당화 상태를 결정함에 있어 전건 긍정식과 $p \rightarrow (q \rightarrow p)$라는 정리만
알면 되는 문제이기 때문에 증거에 있어서는 차이가 없다. 그러
나 정당화 상태에 있어서만큼은 서로 차이가 나게 된다.

치즘의 지적대로 '내재적' 인식 정당화의 전통적인 개념에서는
인식 정당화와 진리 간에 아무런 논리적 연관성도 없는 것으로
보인다.41) 이 말은 거짓 믿음이 내재적으로 정당화될 수도 있다
는 것을 의미하는데, 이러한 결과를 외재론자로서는 결코 받아들
이지 않을 것이며 따라서 그들은 한 믿음의 참임을 그대로 반영

---

40) Fumerton(1988), 444쪽.
41) Chisholm(1989), 77쪽.

해 줄 수 있는 인식적 개념을 설정하려 할 것이다. 외재론자로서
는 그렇기 때문에 인식 정당화를 위해 정당화와 진리 간에 어떤
필연적 관계를 제시하는 것이 과제로 남게 된다. 이 점이 외재론
자들로 하여금 인식적 정당화에 대해 내재론과는 다른 **방식**으로
의 접근을 가능하도록 하는 결정적인 계기를 이루게 된다.

한 믿음의 정당화가 인식 주관의 '직접적인 접근'에 따른 것이
어야 한다는 보다 근본적인 이유는 참의 극대화와 거짓의 극소
화라는 인식 정당화론의 목표와 직접적인 연관성을 갖는다는 것
은 위에서 지적한 바와 같다. 한 믿음을 정당화함에 있어 인식
주체의 직접적 접근을 요구하는 이유는 거짓된 믿음을 피하고
참을 극대화하는 노력이 인식 주관에 달린 문제라고 보는 관점
때문이다. 믿음이 형성되는 것은 우리의 인식 내부에서 일어나는
사건이기 때문에, 그러한 믿음의 형성과 올바른 믿음이 되도록
하는 것은 인식 주체가 여기에 어떻게 관여하느냐와 직접적인
연관성을 갖는다. 그런 점에서 인식 주체의 인식적 행위는 당연
히 인식 정당화에 기여할 수 있는 것이어야 하고, 인식 정당화론
이 지향하는 바에 따른 것이어야 할 것이다. 이와 같은 내재론의
핵심적인 주장을 다음과 같이 정식화할 수 있을 것이다.

> [JI*] p라는 인식 주관 S의 믿음이 내재적으로 정당화되는
> 것은 S가 믿음 p의 정당화 부여 속성에 접근하여 그
> 속성을 직접적으로 파악하는 오직 그 경우만이다.

여기서 '직접적인 파악'은 인식 정당화에 대한 내재론의 관점
을 특징적으로 규정해 주고 있는 것으로 이해될 수 있다. [JI*]는

정당화 부여 속성이 반드시 내재적인 속성이어야 하는 것만을 요구하지는 않는다. 그러나 그것이건 아니건 간에 적어도 인식 주관에 직접적으로 접근 가능해야 할 것을 요구한다. 그리고 직접적으로 접근하여 파악할 경우에 한해 정당화가 확보된다는 것이다. 그런데 정당화는 내재론자들에 의하면 규범적인 개념이다. 그것은 자신의 믿음이 지식으로 인정받기 위해서는 반드시 수행해야 할 작업이라는 의미에서 그렇다. 일부 내재론자들은 여기서 '수행해야 한다'는 것을 인식과 관련된 윤리적 개념으로 파악하는 경향이 있다. 그들은 즉 정당화를 '수행해야 한다'는 것은 정당화가 인식 주체가 지식을 획득함에 있어 담당해야 할 의무 내지 책임이라는 의미로 받아들인다. 그러한 내재론자들에 있어 정당화 부여 속성을 파악한다는 것은 '인식적 의무'에 해당한다고 말할 수 있다.

[JI*]는 정당화를 인식과 관련된 윤리적 의무로만 규정하는 (JR)과는 논리적으로는 독립된 명제이다. 정당화가 인식론적 의무라는 명제는 두 가지 전제로부터 귀결된 것으로 보인다.

(D) 인식 주체가 지식을 추구함에 있어 인식적 목표 (epistemic goal)를 달성해야 할 인식적 의무가 있다.

(J) 정당화를 수행할 경우에 한해 그러한 인식론적 목표가 달성된다.

(D)는 ㉠ "X를 달성해야 할 (인식적) 의무가 있다."라는 형식을 지니고 있으며 (J)는 ㉡ "Y를 할 경우에 한해 X가 달성된다."는

형식으로 되어 있다. 이 말은 (ㄱ)과 (ㄴ)에서 X 대신에 '인식적 목
표'를 대입하고 Y 대신에 '정당화'를 집어넣음으로써 각각 (D)와
(J)가 얻어진다는 것을 의미한다. (ㄱ)과 (ㄴ)으로부터 "Y를 하는 경
우에 한해 인식적 의무를 다하게 된다."라는 결론을 도출할 수
있으며, 따라서 (D)와 (J)로부터는 "정당화를 수행할 경우에 한해
인식적 의무를 다하게 된다."는[42] 결론이 이끌려 나올 것이다.
이 명제는 인식적 의무를 다할 경우 정당화된다는 취지의 (JR)과
같다. 그런데 만일 (ㄱ)과 (ㄴ)에 (ㄷ) "Z를 하는 경우에 한해 Y가 달
성된다."는 명제를 덧붙일 경우 "Z를 하는 것이 인식적 의무이
다."라는 결론이 궁극적으로 귀결될 것이다. (ㄷ)에 해당하는 명제
를 제공하는 것이 바로 [JI*]이다. 구체적으로 (ㄷ)에서 Y 대신에 앞
서와 같이 '정당화'를 대입해 넣고, Z 대신에 '정당화 부여 속성을
직접적으로 파악하기'를 대입해 넣음으로써 [JI*]가 얻어진다.

위에서 지적한 것처럼 정당화의 정의 [JI*]와 정당화의 규범적
성격을 주장하는 (JR)은 논리적으로는 서로 별개의 명제이다. 다
시 말해 정당화 개념에 관한 내재론적 정의 [JI*]를 받아들이면서
(JR)을 정의하는 것이 논리적으로는 얼마든지 가능하다. 그러나
대부분의 내재론자들은 [JI*]는 물론 (JR)도 받아들이고 있다. 그
렇다면 왜 이러한 현상이 벌어지는 것인가? 그 이유를 '직접적
접근' 내지는 '직접적 파악'이라는 개념에 의거하여 정당화를 정

---

42) 여기서 인식적 의무를 다하게 된다는 것은 인식과 관련된 의무를 하등
저버리지 않게 된다는 것이다. 따라서 이러한 의미에서 어떤 믿음을 정
당화하였다는 것은 그 믿음을 믿어야 한다는 것을 함축하지 않는다. 오
히려 그것을 믿는 것과 관련된 의무를 저버리지 않음으로써 그 믿음을
지니는 것이 허용된다는 것을 함축하게 된다. Alston(1985), 26쪽 참조.

의하려는 내재론자들의 동기에서 찾아야 할 것이다. 그들이 그 개념을 한사코 고집하는 데는 정당화 부여 속성이 무엇이 되었건 그 속성을 인식 주체가 직접적으로 파악함으로써 인식적 책임을 다하게 된다는 무의식적 전제가 작용했던 것이다. 만일 인식 주체에게 부여되는 책임이 있다면 그것을 다하는가 그렇지 않은가는 순전히 인식 주체에 달린 문제여야 한다. 그것을 수행하고 안 하는 것이 어떤 사람에게 달려 있는 문제가 아니라면 그것을 수행하는 것이 그 사람의 책임이나 의무라는 말은 할 수 없을 것이기 때문이다. 그런데 인식 과정에서 구체적으로 그것을 하는가 안 하는가가 전적으로 인식 주체에 달린 문제가 된다면 그것은 어떤 성격의 것이겠는가? 많은 내재론자들은 인식 주체가 직접적으로 접근할 수 있는 것만이 그러한 성격을 지닌다고 생각하는 것이다. 이러한 고려가 바로 대부분의 내재론자들이 (JR)을 수용하는 이유를 잘 설명해 준다.

앞서 우리는 (JR)이 "정당화를 수행할 경우에 한해 인식적 목표가 달성된다."는 명제와 더불어 "인식적 목표를 달성하는 것이 인식적 의무이다."라는 명제로부터 귀결됨을 보았다. 그렇다면 내재론자들은 여기서 말하는 인식적 목표를 어떠한 것으로 간주하고 있는가? 그것은 말할 것도 없이 가급적 거짓을 피하고 진리를 극대화하는 것이다. 다음과 같은 치즘의 말이 이를 뒷받침한다.

　　"우리는 모든 사람이 어떤 순수한 지적 조건을 충족시켜야 한다고 가정할 수 있을 것이다. 그 조건이란, 즉 그가 고찰하는 모든 명제 h에 대해 h가 참인 경우 또 오직 그 경우에 한해 그가 h를 받아들이는 결과가 야기되도록 최선의 노력을 다해야 한다는 것이다. 이것이 바로 지적 존재로서 그 사람의 책임이라고 말할 수 있을 것이다."[43]

여기서 치즘이 말하는 '지적 조건'이 인식적 의무에 해당함을, 그리고 "그가 고찰하는 모든 명제 h에 대해 h가 참인 경우 또 오직 그 경우에 한해 그가 h를 받아들이는 결과가 야기되도록 최선의 노력을 다한다."는 것이 바로 그가 가급적 거짓을 피하고 진리를 극대화하도록 노력한다는 것을 의미함을 쉽게 알 수 있다. 다시 말해 치즘도 가급적 거짓을 피하고 진리를 극대화하도록 노력하는 것이 모든 인식 주체가 달성해야 할 의무인 인식적 목표에 해당한다고 보고 있는 것이다. 그리고 앞 장에서 언급한 봉쥬르와 코헨 역시 인식 정당화에 관해 치즘과 비슷한 의무론적 견해를 피력하고 있다.

위에서 우리는 (J)를 전제했을 때 (JR)이 (D)에서 귀결됨을 보았다. 이것은 (JR)을 받아들이는 대부분의 내재론자들이 사실은 (D)를 전제함을 의미하는 것이다. 그런데 내재론자 가운데는 (D) 대신에 다음 명제를 수용하려는 인식론자들이 있다.

(E) 인식 주체가 지식을 추구함에 있어 인식적 목표를 달성하는 것이 인식적 관점에서 좋은 것이다.

---

43) Chisolm(1977), 14쪽. 이어서 치즘은 다음과 같이 말하고 있다. "'t에서 S에 대해 p가 q보다 더 합당하다'는 말을 다시 표현하면 이와 같이 말하는 것이다. 즉 S가 t에 그렇게 적용되는 것은 지적 존재로서 그의 지적 요구와 책임이 p보다는 q에 의해 더 잘 충족되기 때문이다." 치즘은 이에 관한 예로 "불가지론이 유신론보다 더 합당하지 않다면, 유신론은 무신론보다 더 합당하다."고 말하고 있다.

(E)를 (J)와 결합하게 되면 "정당화가 되는 것은 인식적인 관점에서 좋은 것이다."라는 것이 귀결될 것이다. 실제로 (D) 대신에 (E)를 받아들이려는 입장은 특히 알스톤에서 잘 드러나고 있다. 그는 우선 Alston(1985)에서 의무론적인 개념만이 인식적 평가를 위한 개념이 아님을 지적한다.44) 어떤 인식적 행위를 하는 것이 지적인 존재로서 인식 주체의 의무라고 한다면 그것은 **의무론적인 개념**이라고 할 수 있다. 그러나 그렇게 하는 것이 인식적인 관점에서 좋은 일이라고 말한다면 그것은 비의무론적인 **평가**라고 할 수 있을 것이다. 알스톤은 즉 인식적인 관점에서 좋다는 것과 지적인 존재로서 의무라는 것이 명확히 구분되는 관념이며 정당화가 지니고 있는 평가적 의미는 후자가 아닌 전자에서 비롯된다고 주장하고 있다. 여기서 알스톤의 말을 직접 들어보기로 하자.

> "S가 p라고 믿고 있으며, 또한 p라는 S의 믿음이 적절한 근거에 입각해 있고 그러한 믿음을 뒤엎을 만한 **충분한 이유**를 S가 지니지 못하고 있다는 점에서 S의 믿음 p가 인식적 관점에서 좋은 일(good thing)일 때 또 오직 그 경우에 한해 S는 p를 믿음에 있어 정당화된다."45)

---

44) 만일 믿음을 지니는가 지니지 않는가 하는 것이 의무에 의거하여 결정되어야 할 문제라면 어떤 믿음을 지님으로써 의무를 다한 결과가 된다면 그 믿음은 유리한 평가를 받게 될 것이다. 그러나 알스톤은 믿음을 지니고 안 지니고 하는 것이 의무에 의거하여 결정되는 것은 아니며 따라서 믿음이 어떤 경우에 유리한 평가를 받게 되는가 하는 것에 대한 해답은 달리 구해야 한다고 본다. 알스톤의 답변은 그 믿음을 지니는 것이 인식적 관점에서 좋은 일인 경우에 믿음은 유리한 평가적 지위를 얻게 된다는 것이다. Alston(1985) 참조.

그렇다면 인식적 관점에서 좋다는 것은 무슨 의미인가? 알스톤은 그것을 인식 주체가 입수할 수 있는 증거에 비추어 가능한 한 진리에 접근했다는 의미로 받아들이고 있다. 인식적 관점에서 좋음의 의미를 그렇게 해석하고 (J)를 받아들이게 되면 어떤 인식 주체가 그가 입수할 수 있는 증거에 비추어 가능한 한 진리에 접근했을 경우 그의 믿음은 정당화된다는 결론이 귀결될 것이다. 이렇게 해서 알스톤의 인식적 선의 개념은 인식 주체의 믿음에 대한 적절한(adequate) 증거의 개념을 요구하게 된다.46) 결국 정당화와 관련하여 알스톤이 말하는 평가는 우리가 어떤 것을 믿음에 있어 좋은 일을 했는가를 가리기 위한 평가로서 이러한 의미에서 알스톤의 정당화 개념은 의무론적 개념과는 다르다.

2. 내재론과 반박가능성의 문제

위의 절에서의 정당화에 대한 알스톤의 정의는 인식적 정당화와 '반박 가능성의 문제'를 야기한다. 알스톤의 정의에 의하면 정당화된 믿음은 인식 주체가 그것을 뒤엎을 만한 충분한 이유 내지는 증거를 지니고 있지 못한 믿음이다. 그러나 그러한 사실이 실제로 그러한 반박 가능한 증거 내지는 이유가 없다는 것을 함축하지는 않는다. 다시 말해 어떤 믿음이 반박 가능하면서도 알스톤의 의미에서 정당화될 수는 있다는 뜻이다. 이 점을 다음과

---

45) Alston(1985), 71쪽.
46) Alston(1985), 25~30쪽 참조.

같은 구체적인 예를 통해 좀더 분명하게 검토해 보기로 하자.[47]

오늘 아침 나는 아이를 유치원에 보내고 출근했다. 오후 10시경 아이의 외할머니로부터 전화가 와 아이가 어디에 있느냐고 물어 왔을 때 나는 유치원에 있을 것이라고 답변한다. 왜냐하면 통상적으로 유치원은 12시까지는 원아들을 유치원 안에서 일정한 학습 계획에 따라 가르치기 때문에 좀처럼 아이가 유치원에서 벗어나는 경우가 거의 없기 때문이다. 이 날도 원생들이 야외 학습을 가게 되어 있기는 하지만 그 계획이 오후로 잡혀 있다는 것을 나는 알고 있기 때문에 내 아이도 유치원에 있을 것이라고 믿었던 것이다. 그러나 그날은 마침 원장님이 갑자기 오후에 교육청에 갈 일이 생겨서 갑자기 교육 일정을 바꾸어 오후로 예정되어 있던 야외 학습을 오전으로 당겼으며 그 결과로 10시에는 보모들이 원아들을 인솔하여 유치원을 출발하고 있었다. 이러한 증거를 나는 10시에는 입수할 수가 없었으므로 나의 아이가 그 시각에 유치원에 있을 것이라는 나의 믿음은 알스톤의 의미에서 정당화된다. 그러나 10시에 보모들이 원아들과 함께 야외 학습에 나갔다는 사실은 나의 믿음을 반박할 만한 증거가 된다. 따라서 그 당시 나의 믿음이 정당하기는 하지만 야외 학습 사실을 (실제로는 믿지 않았지만) 만일 내가 믿었다면 나의 믿음이 정당화되지 않으리라는 점에서 반박 가능한 믿음이라고 할 수 있다. 이 예는 반박 가능하면서도 (알스톤의 의미에서) 정당화된 믿음이 있을 수 있는 것이다.

---

47) Dancy(1985), 30쪽에서 제시된 예를 약간 변형하여 제시한 것이다.

알스톤처럼 정당화를 인식 주체가 입수한 전체 증거에 의거하여 정의할 경우 정당화는 시점에 따른 상대적인 개념이 될 수밖에 없을 것이다. 다시 말해 우리는 어떤 인식 주체가 어떤 시점에서 어떤 믿음을 갖는 것이 정당화되는 식으로 이야기해야 한다는 뜻이다. 즉 위의 예에서 10시 이전에는 내가 입수한 전체 증거에 비추어 나의 아이가 유치원에 있을 것이라고 믿는 것이 정당화된다. 그러나 10시에 만일 내가 야외 학습 계획이 당겨졌다는 증거를 확보했을 경우, 이제는 앞서의 믿음은 더 이상 정당화되지 않으며 오히려 나의 아이가 유치원에 없을 것이라는 믿음이 정당화된다. 그런데 나의 아이는 배탈이 나면 조금도 움직이려 하지 않는데 실제로 당시 아이가 배탈이 난 상태였으며 그에 관한 증거를 내가 10시 반경에 입수했다고 해보자. 그 시점에서는 정당화가 또다시 반전되어 아이가 유치원에 있을 것이라는 믿음이 정당화될 것이다. 이처럼 어떤 믿음이 정당화되는가 하는 것은 시점에 따라 상대적이라고 할 수 있는데 이러한 상대성을 감안하더라도 어떤 시점에서도 반박 가능하면서도 정당화되는 믿음이 있을 수 있다는 점에서 나의 믿음의 정당성은 언제나 잠재적으로 논박 가능한 여지가 있는 것이다.

잠재적으로 논박 가능하면서도 정당화된 믿음을 받아들이게 되는 것은 비단 알스톤만이 아니다. 이러한 성격은 사실 내재론적인 정당화 개념이 일반적으로 지니고 있는 것이다.[48] 내재론이

---

48) 여기서 말하는 '반박자(defeater)'는 인지자가 실제로 그 증거로 소유하고 있는 반박자와는 다르다. 즉, 내가 어떠한 증거를 토대로 하여 한 믿음을 받아들일 경우 내가 새롭게 확보한 어떤 정보가 이미 앞서 받아들인 증거에 의거한 믿음을 더 이상 정당한 것이 되지 못하게 한다

요구하는 정당화는 인지자의 접근이 가능한 것에 의해서만 정의된다. 따라서 어떤 믿음을 정당하게 믿고 있을 당시 인지자의 접근이 차단된 잠재적 반박자(defeater)가 얼마든지 있을 수 있는 것이다. 이처럼 잠재적 반박자에 접근이 차단되면 주어진 시점에서 나의 믿음과 사실과의 괴리가 불가피하게 발생하게 되는 것이다. 상황이 이렇다면 적어도 내재론적 정당화를 고집하는 한 지식이 되기 위한 필요충분조건에서 단순히 정당화 조건만이 아니라 잠재적 반박 불가능 조건을 추가해야만 한다고 생각할 수도 있을 것이다. 이러한 견해가 앞의 게티어 문제에 대한 해결책으로 제시되기도 했다.[49]

그러한 해결책을 제시한 레러와 팩스턴(T. Paxton)에 의하면, 정당화된 참인 믿음이면서 그에 대한 반박자가 없는 경우에 한해 지식이 된다는 것이다. 지식에 관한 이러한 새로운 정의는 위에서 살펴본 게티어류의 반례들을 모두 물리칠 수 있다는 장점을 지니고 있다. 또 하나의 장점은 지식의 조건으로서 진리 조건을 굳이 덧붙일 이유가 없다는 것이다. 왜냐하면 내가 믿고 있는 명제가 거짓이라면 그 사실이 바로 나의 믿음에 대한 잠재적 반박

면, 그와 같은 추가적인 정보는 긍정적인 의미의 반박자일 것이다. 따라서 본 논의에서 언급되는 반박자는 이와는 그 성격을 달리한다. 인지자가 실제로 증거로 소유하고 있는 반박자에는 크게 'rebutting defeater(문제의 믿음을 직접적으로 파괴시킴으로써 그 정당성을 반박하는)'와 'undercutting defeater(근거와 믿음 사이의 지지 관계를 파괴함으로써 그 믿음의 정당성에 손상을 입히는)'가 있다. 이에 따를 경우 한 믿음의 인식 정당화는 정보들이 인지자에게 어떻게 유입되느냐에 따라 이루어지게 된다.

49) Lehrer and Paxton(1969), 225~237쪽.

자가 될 것이기 때문이다. 따라서 잠재적 반박자가 없다면 그것은 곧 문제의 믿음은 참이라는 것을 함축한다. 이처럼 진리 조건을 제거할 수 있다는 것이 이론상 장점이 될 수 있는 이유는 한 믿음이 지식이 되기 위해 왜 참이어야 하는지를 잘 설명해 주고 있기 때문이다. 그러나 문제는 어떠한 반박자도 없는 정당화된 믿음을 과연 우리 인간이 지닐 수 있는가 하는 것이다. 인간의 제한된 능력으로 잠재적으로 반박할 여지가 없는 믿음에 과연 접근할 수 있을지, 있다면 어떻게 접근할 수 있는가 하는 문제에 대해 내재론자들이 명료한 답변을 제시할 수 있을 것으로 생각되지 않는다. 그러나 내재론이 안고 있는 더 큰 문제는 바로 내재론적 정당화 개념 자체에 있다.

위에서 지적한 것처럼 내재론적 정당화의 개념은 논박 가능성을 허용하고 있다. 이것은 내재론적 정당화가 반박 가능한, 따라서 비논리적인 증거에 의거하여 정의되고 있기 때문이다. 그런데 문제는 반박 가능한 증거의 개념을 인식적 정당화와 독립적으로 파악할 수 있는 길이 없다는 것이다. 다시 말해 어떤 반박 가능한 증거 Q가 왜 믿음 P를 뒷받침할 수 있는 증거인가를 이해함에 있어 그것이 P를 정당화함에 있어 담당하는 역할을 전제해야 한다는 것이다. 그렇다면 정당화에 대한 내재론자들의 이론은 사전에 정당화 개념을 전제하는 개념에 의거하여 정당화를 설명하고 있다는 결론이 될 것이다. 이것은 내재론이 본질적으로 지니고 있는 결함으로서 이 때문에 정당화에 대한 올바른 분석이 되지 못하며, 따라서 내재론적 입장에 의존해서는 정당화의 본성에 대한 올바른 이해를 얻을 수 없다는 비판이 내재론에 대해 일반

적으로 제기되어 왔다.50)

이러한 반론을 좀더 분명하게 이해하기 위해 반박 가능한 증거와 논리적 증거 간의 차이를 살펴보기로 하자. 논리적 증거의 경우에는 그것이 왜 증거가 되는가를 이해하기 위해 인식적 정당화 개념을 사전에 이해하고 있어야 할 필요가 없다. 예를 들어, 연언 P&Q는 P를 뒷받침하는 논리적 증거가 되고 있는데 그것은 P&Q가 참이면서 동시에 P가 거짓인 경우는 불가능하기 때문이라고 설명할 수가 있다. 이 예에서는, 즉 P&Q가 P를 뒷받침하는 증거가 된다는 것을 정당화 개념과는 독립적으로 참 개념에 의거해서만 설명하고 있다. 그러나 내재론자들의 인식적 정당화의 정의에서 동원되는 그러한 종류의 증거, 즉 비논리적인 반박 가능한 증거에 대해서는 이러한 방식의 설명이 불가능하다는 것이다.

이러한 내재론의 본질적인 문제점을 극복하기 위해서는 인식적 정당화 개념을 전제하지 않는 반박 가능한 증거의 개념을 확보해야 한다. 그 한 가지 방식은 논리적 증거의 개념처럼 반박 가능한 개념을 진리에 의거해서 이해하는 것이다. 이 경우 인식적 정당화 개념도 결국 진리에 의거해서 이해하게 될 것인데 이 길을 걸을 경우 우리는 외재론으로 향하게 된다.

---

50) Sturgeon(1995), 참조.

3. 내재론과 무한소급의 문제

1) 내재론적 소급의 성격

위에서 우리는 내재론적 정당화가 지니는 반박가능성 때문에 내재론이 본질적으로 안게 되는 문제에 대해 살펴보았다. 그러나 내재론에 대해 가장 흔히 제기되는, 그리고 내재론에 치명적이라고 흔히 생각되는 비판은 이른바 소급(regress)과 관련된 것이다. 이 절에서는 내재론이 안고 있는 소급의 문제를 다루게 될 것인데 우선 소급 문제의 세부적인 내용이 무엇이며 또 그에 대한 평가가 어떻게 이루어지는지 논하기에 앞서 몇 가지 우선적으로 논의되어야 할 것이 있다. 지식 혹은 정당화 부여 조건이 무엇이건 간에 내재론자들은 정당화가 이루어지기 위해서는 단순히 그 조건이 성립하는 것으로는 충분하지 않으며, 인지자가 그 조건이 성립한다는 사실에 직접적으로 접근해야 할 것을 요구한다. 그러나 그 사실에 직접적인 접근이 가능하기 위해서는 그 사실을 이루는 것이 인지자에 내적인, 즉 인지자의 '마음 안에(*in the mind*)' 존재해야 한다고 그들은 생각한다. 그처럼 '마음 안에' 존재하는 것의 가장 표본적인 예로 들 만한 것은 아마도 '감각 자료(sense data)'일 것이다. 감각 자료는 인식 주체가 그에게 접근할 수 있는 일종의 특권적 지위를 갖는다는 의미에서 '심성 내에' 있다. 여기에서 인식 주체가 '특권적 접근 가능성(privileged access)'을 갖는 것으로 '마음 안의' 감각 자료가 지니는 의미는 곧 내재론과 외재론 간에 실제로 문제가 되는 것이 무엇인지를 이해할 수 있는 실마리를 제공해 준다.

내재론자들은 정당화 부여 조건으로서 인지자 자신만이 직접적으로 접근할[51] 수 있는 특권적인 지위를 갖는 그러한 조건만을 막무가내로 주장하는 사람들로 흔히 비판자들에게 비쳐지는 것이 사실이다. 내재론에 대한 이러한 고정관념은 지식 혹은 인식 정당화가 전적으로 인지자 내부에서 이루어져야 할 문제라고 내재론자들이 보는 데서 비롯되었을 것인데, 이러한 점들이 특히 외재론자의 좋은 반론의 표적이 되고 있다.

앞서 2장 1절에서의 (J)를 만족하는 정당화 부여 속성 F_1, F_2, …… 등이 무엇이건 간에 ―그 속성들을 합쳐서 F로 쓰기로 하자― 내재론의 입장에서는 어떤 믿음이 정당화되기 위해서는 그 믿음이 속성 F를 지니고 있는 것만으로는 충분하지 않다. 그 사실을 인지자 자신이 스스로 의식하고 있거나 파악하고 있지 않으면 안된다. 이러한 요구가 필연적으로 내재론자들이 인정하는 정당화 속성을 제약하게 될 것임은 말할 필요도 없다. 즉 그러한 속성들이 인지자가 직접적으로 접근할 수 있는 것이 아니면 인지자 자신이 스스로 그것들을 의식하거나 파악하기가 불가능할 수 있다. 그러나 그렇게 의식한 혹은 파악한 내용이 또한 정당화되기를 요구한다면 내재론자들은 무한소급의 길로 접어들게 될 것인데, 내재론자들에 있어서는 당연히 그렇게 요구할 것으로 생각되는 것이다. 이것이 내재론에서 내재론적 무한소급(*internalist regress*: 이하 IR)의 문제가 발생되는 경위이다. 다시 말해 내재론은 어떤 인식 주체가 정당화된 믿음을 갖는다고 하는 것은 그 사람이 정당화된 믿음을 갖는다는 것을 정당하게 믿고 있음을 함축하는

---

51) 여기서 말하는 '접근(access)'이 그 자체 인식적 개념임은 물론이다.

것으로 해석되고 있는데 바로 이 대목에서 내재론자들은 무한소급이라는 곤경으로 빠지게 되는 것이다. 내재론자들이 가장 신경을 곤두세우고 있는 부분이 바로 이 대목이며, 외재론자의 입장에서 지속적으로 반론을 펴온 것도 주로 이 문제와 관련된 것이다.

위에서 설명한 IR이 발생하는 경위를 제이콥슨(S. Jacobson)은 Jacobson(1992)에서 다음과 같이 정식화하고 있다. 제이콥슨은 우선 인식적 정당화에 대한 다음과 같은 입장은 문제를 야기하지 않음을 지적한다.

(CT) S가 p라고 믿는 것이 정당화되는 것은 믿음 p가 정당화 부여 속성을 지니는 경우 또 오직 그 경우에 한한다.[52]

그러나 내재론자들은 (CT)와 같은 정식화로 만족하지 않는다. S의 믿음이 정당화되기 위해서는 p가 정당화 부여 속성을 가져야 할 뿐만 아니라 그 사실에 S가 직접적으로 접근하여 그에 대한 의식 내지 믿음을 가져야 할 것이 요구된다. 앞서 지적한 것처럼 그러한 요구를 충족하기 위해서는 정당화 부여 속성이 S가 직접적으로 접근할 수 있는 종류의 것이 아니면 안 된다. 그러나 내재론자들의 요구는 여기에서 그치지 않는다. 그들은 p가 정당

---

52) Jacobson(1992), 416쪽. IR은 내재론 가운데에서도 그 주된 표적이 정합론에 있다. 따라서 제이콥슨도 (CT)를 정합론에 맞추어 "S가 p라고 믿는 것이 정당화되는 것은 그것과 관련된 S의 믿음의 집합 (Y)와 정합하는 경우 또 오직 그 경우에 한한다."로 나타내고 있다.

화 부여 속성을 지닌다는 것을 S가 믿는 것만으로는 부족하며 그러한 S의 믿음이 정당화될 것도 필요하다고 주장한다. 왜냐하면 그렇지 않을 경우, 그 믿음이 단지 우연적으로 참일 수 있을 것이기 때문이다. 이것은 내재론자들이 정당화에 대해 (CT) 대신 다음과 같은 정식화를 지지하고 있다는 것을 의미하는 것이다.

> (CT*) S가 p라고 믿는 것이 정당화되는 것은 믿음 p가 다음 조건을 만족하는 경우 또 오직 그 경우에 한한다. 즉,
>
> (1) 믿음 p가 정당화 부여 속성을 지니고 있으며,
>
> (2) 믿음 p가 정당화 부여 속성을 지니고 있다는 S의 믿음이 정당화된다.[53]

(CT*)는 IR을 발생시킨다. 만일 (a) (CT*)이 옳다고 하고, (b) 또한 S가 명제 p를 믿는 것이 정당화되었다고 하자. 이 경우 (CT*)의 (2)에 의해 (c) p가 정당화 부여 속성을 지니고 있다는 S의 믿음은 정당화될 것이다. 만일 (CT*)과 (c)가 모두 참이라고 한다면, (d) p가 정당화 부여 속성을 지니고 있다는 믿음 그 자체가 또한 정당화 부여 속성을 지니고 있다는 S의 믿음도 정당화된다는 결론이 나올 것이다. 만일 (CT*)과 (d)가 모두 참이라면, (e) …… 등이 계속해서 귀결될 것이다. 이처럼 내재론적 관점에서 어떤 명제를 정당하게 믿기 위해서는 다른 인지자는 무한히 많은 명제들을 정당하게 믿어야 한다는 결론이 나오게 되고, 따

---

53) 앞의 책, 같은 쪽.

라서 어떤 인지자도 내재론적 정당화 조건을 충족시킬 수가 없게 된다.

우리가 믿음이 정당화되기를 원하는 것은 문제의 믿음이 우연적으로 참이 되는 상황을 배제하기 위함이다. 내재론자들은 그러나 우리의 믿음이 우연적으로 참이 되는 것을 막는 데는 그 믿음이 어떤 정당화 조건을 충족시키는 것으로는 부족하며 인지자가 그 사실에 대한 정당화된 믿음을 지니는 것이 필요하다고 생각한다. 왜냐하면 "정당화된 믿음을 갖는다고 하는 것은 인지자가 정당화된 믿음을 갖는다는 것을 정당하게 믿고 있다는 것을 포함하는 것"이기 때문이다. 다시 말해 내재론적 관점에서는 한 믿음을 정당화하기 위해서는 그것이 참임에 대한 인식 주관의 상위 의식과 그것의 정당화가 요구될 수밖에 없기 때문에 정당화의 요구를 만족시킬 수 있는 유일한 방식은 무한하게 증가하는 복잡한 의식 지향적 상태를 갖는 심적 가능성을 허용해 버리는 길밖에 없게 된다. 이러한 난감한 결과는 인식 주관이 특권적으로 접근할 수 있는 것에 의거하여 인식적인 정당화를 설명하려는 내재론자들의 동기에서 비롯되는 것이다.

IR이 작용하는 것은 믿음의 정당화가 그 믿음이 정당화되었다는 상위 믿음의 정당화를 포함한다는 정당화에 대한 내재론자들의 독특한 관념 때문이다. 따라서 정당화 개념을 구체적으로 어떻게 분석하는가와는 상관없이 내재론에 속하는 모든 이론이 그 사정거리 내에 들 수밖에 없으며 특히 인식 의무론적 견해뿐 아니라 내재론의 전형이라 할 수 있는 증거론도 여기에서 자유로울 수가 없다. 예를 들어 (JR)에서 말하는 '인식적 책임'은 인식 주관의 의무에 대한 이행 여부와 관련된 것으로서, 그 의무의 이행 여부는 정당화 결정의 관건을 쥔 믿음의 주체에 관한 것이지 믿음 그 자체에 관한 것은 아니다. 따라서 인식 정당화를 인식 주관의 접근을 통한 진리의 확보에 둘 경우 IR은 여전히 발생한다. 한 믿음을 정당화함에 있어 인식적 책임을 다하기 위해서는 그 믿음을 갖는 것이 정당화된다는 상위 믿음을 인식 주체가 소유할 것이 요구된다. 그러나 인식 주체가 단순히 상위 믿음을 갖는 것으로 인식적 책임을 다했다고 할 수는 없을 것이다. 왜냐하면 그 믿음이 정당화되는지에 대한 합리적인 판단 없이 상위 믿음만을 가질 수 있기 때문이다. 한 믿음이 정당화된다는 상위 믿음을 가져야 한다는 인식적 책임의 조건은 곧 메타-정당화 조건이 되는데, 이는 결국 IR을 초래하게 된다. 한마디로 인식 의무란 그 믿음에 대한 참임을 의식하는 반성적 의무를 말하는 것이고, 이러한 의무를 이행한다고 하는 것은 상위 의식에 대한 정당화를 통해서 실현되는 것이다. 이러한 상위 정당화는 물론 현재의 믿음에 대한 완벽한 정당화를 실현하기 위한 것인데, 이와 같이 상위 의식에 대한 정당화의 요구는 결국 소급을 야기하는 결과를 초래할 수밖에 없게 된다.

앞서 언급한 것처럼 내재론자들은 믿음뿐만이 아니라 믿음의 정당화 조건도 인지자가 직접적으로 접근 가능해야 할 것을 요구한다. 그 경우에 한해 인지자는 문제의 믿음이 정당화 조건을 충족시킨다는 사실에 직접적으로 접근할 수 있기 때문이다. 그러나 그 사실에 직접적으로 접근했다는 것은 그에 관한 믿음, 즉 상위 믿음이 형성되었다는 것을 의미하는 것이다. 이러한 상위 믿음 역시 정당화를 하지 않을 수 없으며 이렇게 해서 내재적인 방식으로 정당화를 해야 하는 무한히 많은 믿음의 체계들이 형성되는 것이다. IR은 결국 정당화에 관한 내재론적 특성에서 비롯되는 것인데, 분명한 것은 IR이 내재론이 안고 있는 가장 큰 취약점 가운데 하나라는 사실이다. 따라서 내재론의 입장에서는 내재론적 소급의 문제가 시급히 해결하지 않으면 안 되는 커다란 짐으로 작용하지 않을 수 없다. 내재론의 테두리 안에서는 소급의 문제를 해결할 수 없을 것이라는 비관적 견해가 외재론처럼 상위 정당화를 요구하지 않는 정당화 개념으로 시선을 돌리게 하였지만 내재론에서는 굳이 외재론적 정당화 관념에 의존하지 않고 '합리성'을 통해 그 해결의 실마리를 찾으려 노력하게 된다.

2) '접근(access)'과 소급의 문제

앞에서 살펴본 것처럼 IR은 인식적 정당화를 부여하는 속성이 무엇이냐 하는 것과는 상관이 없다. 정당화 부여 속성이 무엇이건 간에 정당화가 이루어지기 위해서는 문제되는 믿음이 그 속성을 지니는 것으로는 충분치 않으며 그 믿음이 그 속성을 지니고 있다는 것을 인식 주체가 정당하게 믿어야 한다는 요구가 있을 때 비로소 IR은 작동한다. 다시 말해 IR은 정당화된 믿음을 갖는다는 것은 정당화된 믿음을 갖는다는 것을 정당하게 믿고 있음을 함축한다고 할 때 일어난다.54) 그렇다면 신빙론자들과 같은 외재

---

54) Fumerton(1988), 445쪽.

론들이 내세우는 정당화 부여 속성, 즉 신빙성 있는 믿음 형성 과정에 따라 형성되어야 한다는 조건에 대해서도 IR과 같은 소급이 일어날 수는 있다. 예를 들어 신빙론자들에게 있어 한 믿음이 정당화되는 것은 단지 그 믿음이 신빙성 있는 믿음 형성 절차에 따라 형성되었을 뿐 아니라 인식 주체 내에서 원래의 믿음이 신빙성 있는 믿음 형성 절차에 따라 형성되었다는 상위의 믿음이 신빙성 있는 믿음 형성 절차에 따라 형성되어야 한다고 요구하면 IR은 일어날 것이다.55) 물론 외재론자들은 한 믿음의 정당화 조건으로서 믿음이 정당화 부여 속성을 지닐 것, 즉 신빙론자들의 경우에는 신빙성 있는 믿음 형성 절차에 따라 형성되었다는 것만을 요구할 뿐 그 사실에 인식 주체가 또다시 직접적으로 접근할 것을 추가로 요구하지는 않으며 따라서 무한소급은 발생하지 않는다.

위에서 우리는 IR이 한 믿음의 정당화는 그 믿음의 정당화 조건에 인지자가 특권적으로 그리고 직접적으로 접근해야 한다는 내재론자의 요구에서 비롯된 것임을 보았다. 따라서 IR의 성격을 보다 잘 이해하기 위해서는 그와 유사한 이유로 그와 비슷한 악소급(*vicious regress*)을 야기하는 토대론과 관련해서 IR을 검토해 볼 필요가 있다. 토대론의 경우 정당화 부여 속성을 '추론적 지식'과 '비추론적 지식'을 구분하여 달리 설정하고 있는데, 비추론적 정당화와 달리 추론적 정당화에서 소급이 발생하는 과정은 추론적 정당화가 지니는 다음과 같은 특성에 비추어 어렵지 않

---

55) 물론 원래의 믿음 형성 절차와 상위의 믿음 형성 절차가 반드시 일치해야 하는 것은 아닐 것이다.

게 이해된다. 즉, 명제 E로부터 명제 P를 추론하는 것이 정당화되기 위해서는, (a) 우선 E를 믿는 것이 정당화되어야 하며, (b) E는 P가 참일 개연성을 인식적으로 높여준다는 믿음 역시 정당화되어야 한다. 이 조건은 위의 내재론자의 원리만큼 강한 원리로서 일단 한 명제로부터 그 명제를 정당하게 추론하기 위한 상위 명제로의 무한한 소급 과정을 발생시키게 된다. 이에 대해 토대론자들은 전통적으로 그와 같은 원리를 받아들일 경우 무한소급을 회피할 수 있는 유일한 길은 소급의 어느 단계에 가서 비추론적으로 정당화할 수 있는 믿음이 있음을 인정하는 것이라고 주장해 왔다. 그러나 비추론적 정당화라는 장치만으로는 무한소급에서 결코 벗어날 수 없음을 봉쥬르(L. BonJour)는 BonJour(1985)에서 설득력 있게 보이고 있다.

봉쥬르는 인식적 정당화 조건에 직접적으로 접근할 것을 요구하는 강한 원리에 의거하여 정의된 내재론을 옹호하면서 이러한 강한 내재론의 테두리 내에서는 토대론자들이 정당화의 소급을 종결짓기 지극히 어려운 상황에 봉착하게 될 것이라고 솔직하게 털어놓고 있다.[56] 정당화의 소급과 관련한 이러한 상황에 대해 봉쥬르가 제시하고 논점을 구체적으로 검토해 볼 필요가 있을 것이다. 그는 내재론의 전형인 토대론에서 기초적 믿음의 비추론적 정당화와 결부지어 이러한 기초적 믿음이 경험적 지식의 확고한 토대를 제공하기 위해서는 특권화된 믿음에 기초로서의 자격을 부여하는 속성 또한 그 믿음이 참이라고 여길 만한 이유가 있어야 한다는 것이다. 여타의 믿음과 구별되는 기초적인 비추론적

---

56) Bonjour(1985), 16~33쪽.

믿음의 속성을 φ로 놓을 경우 다음이 성립되는 믿음 B만이 인식적 기초로 자격이 부여된다는 것이다.

   (1) 믿음 B는 속성 φ를 갖는다.
   (2) 속성 φ를 갖는 믿음은 참이 될 가능성이 매우 높다 (highly likely to be true).
      그러므로 믿음 B는 참일 것이다.

   여기에서 믿음 B가 기초적인 비추론적 믿음이라면, (1)은 당연히 참이어야 하지만 B를 기초적 믿음으로 받아들이고, 이를 통해 다른 믿음을 정당화하기 위해서는 (2) 역시 참이어야 한다. 그런데 논증의 두 전제 가운데 적어도 하나는 φ를 어떻게 선택하느냐에 따라 선험적으로 정당화시킬 수 있다. 그러나 B는 가정상 경험적 믿음이니만큼 경험적 명제가 선험적 근거에서 정당화될 수는 없기 때문에 두 전제 모두를 선험적으로 정당화시킬 수는 없을 것이다. 이것은 위의 두 전제 가운데 적어도 하나는 경험적일 수밖에 없다는 것을 의미하는데, 이렇게 되면 B를 정당화시키는 데 또 다른 경험적 믿음이 요구되며 결국 B도 기초적이지 않다는 결론을 도출해 낸다.[57]
   이 논지는 앞서 IR이 발생하게 되는 경위와 크게 다를 바 없다. 만일 X를 비추론적 정당화 부여 속성이라고 할 경우 P라는 믿음을 비추론적으로 정당화하기 위해서는 P가 속성 X를 갖는다는 사실만으로는 충분하지 않다. 봉쥬르의 내재론에서는 (a) P가

---

57) Bonjour(1985), 30~33쪽 참조.

속성 X를 지니며, (b) 그로 인해 P가 참일 개연성이 높아진다는 두 가지 사실을 정당하게 믿을 것이 요구된다. 이렇게 해서 비추론적 정당화의 이상은 무산되고, 토대론자들이 무한소급이 종결될 것으로 절실히 기대했던 비추론적 정당화 단계에서 IR이 다시 시작되는 결과가 초래되는 것이다.

내재론자처럼 정당화 조건에 대한 직접적인 접근 가능성을 요구하는 강한 원리를 받아들일 경우 제이콥슨이나 봉쥬르가 제시하는 것과 같은 논증에서 벗어날 수는 없을 것으로 보인다. 이것은 봉쥬르처럼 토대론에서 정합론으로 방향을 돌렸다고 해서 회피될 수 있는 것도 아님은 IR이 발생하게 되는 경위에 대한 위의 논의에 비추어 볼 때 자명하다. 봉쥬르의 정합론은 내재론을 통한 경험적 정당화를 확보하기 위해 믿음에 대한 인식적 접근과 더불어 그 믿음이 그와 관련된 믿음의 체계들과 정합 관계를 가져야 할 것에 대해 요구하고 있다. 경험적 명제에 대해 그가 인정하고 있는 인식적 접근은 오직 정합성을 통한 것이기 때문에 현재 믿고 있는 것과 정합하는 믿음을 찾아야만 한다. 그러나 내재론의 원리는 그 믿음이 그와 관련된 믿음의 체계와 정합한다는 상위 믿음에 대한 접근을 가져야 한다는 측면에서 여전히 IR의 문제를 안을 수밖에 없다.

이러한 궁지에서 벗어나기 위해 봉쥬르는 인식적 정합론의 이상을 실현해 줄 수 있는 특별한 요청에 의존하는 전략을 택하고 있다. 그 요청이란 상위 믿음들이 대체로 옳다고 전제함으로써 더 이상 상위 믿음으로 소급하는 것을 막자는 것인데, 봉쥬르는 그 전제를 '의견상의 가정(*Doxastic Presumption.* 이하 DP)'이라고 부르고 있다. 앞에서 설명한 바와 같이 정합론에서는 한 인지자의 믿음 B가 정당화되기 위해서는 그 믿음이 그의 믿음체계 C에 있는 다른 믿음과 정합해야 할 뿐만 아니라 그 정합 관계를 그가 정당하게 파악하고 있어야만 하는데, 바로 이러한 요구가 IR을 유발하게 된다. 그러나 DP는 믿음체계 C에 대한 인지적 확신을 당연시 여기도록 보장해 주기 때문에 DP가 참이라면 믿음 B로부터 그것이 정합해야 하는 믿음체계와의 관계에 대한 상위 믿음으로의 소급을 차단할 수 있게 된다.58)

봉쥬르가 제안하고 있는 '의견상의 가정(DP)'은 주어진 믿음을 그것과 대조하여 정합적인지를 판가름하기 위한 전체적 믿음 체계와 관련된 것이다. DP는 그 믿음 체계에 대한 인지자의 파악이 '대체적으로 옳다(*approximately correct*)는 가정'인데, 그는 "그 체계에 대한 나의 전반적인 인지적 파악이 대체로 정확하다는 점이 정합론적 정당화론을 시작하기 위해서는 당연한 것으로 여겨져야 한다."고 주장한다. 그의 이러한 주장은 문제의 믿음 체계를 '참인 상위 믿음들의 집합'으로 설정함으로써 소급이 진행되는 것을 사전에 차단하기 위함이다. 여기서 유의해야 할 것은 그 믿음 체계에 대한 인지자의 파악이 대체로 옳다고 할 때 '대체로' 인지자의 파악의 모든 측면이 의심의 여지가 없다는 뜻은 아니라는 것이다. 오히려 어떤 특정한 믿음이나 작은 수의 체계에 대해서는 의문을 제기하는 것이 가능하며, 그러한 의문에 답하기 위해서는 그것을 제외한 나머지가 옳다는 것을 전제해야 한다는 뜻이다.

---

58) Bonjour(1985), 101~106쪽 참조.

봉쥬르가 지적한 대로 DP는 정합론에서 무한소급을 막기 위해 필요하다. 그러나 그것이 어떤 목적에 필요하다는 것과 그것이 참이라는 것과는 차이가 있다. 봉쥬르는 DP가 정합론을 살리기 위해 필요하다는 사실 이외에 그것이 참이라는 증명을 별도로 제시하지 않고 있다. 만일 DP가 정합론에서 맡은 바 역할을 할 수 있다면 그가 포기한 토대론을 비롯하여 기타 인식론에서도 그와 유사한 성격의 전제를 함으로써 무한소급을 차단하는 것이 불가능하리라고 생각할 이유는 없을 것이다. 예를 들어 **토대론에**서도 어떤 종류의 비추론적 명제의 경우, 그 명제에 관한 상위 믿음이 참이라고 가정함으로써 상위 믿음으로의 소급의 기회를 사전에 차단할 수 있을 것이다. 그러나 물론 토대론의 경우 그 나름의 의견상의 가정을 수립한다고 해도 그 가정이 정말 옳을지 우리로서는 문제삼지 않을 수 없는 것이다. DP를 그것이 정말 옳은지 증명하지 않은 채로 내버려두는 한 우리는 인식적 회의주의에 대해 선결 문제를 가정하고 있는 꼴이 될지 모르며 **따**라서 이 점에서 DP를 가정한다는 것은 사실상 경험적 정당화에 관해 가장 급진적인 회의주의를 함축하고 있는 것으로 해석될 여지가 있다.59)

실제로 이와 관련하여 봉쥬르의 DP에 대해 **콘브리스(Konblith)**는 몇 가지 의혹을 제기하고 있다. 첫째, 우리가 과연 봉쥬르가 제안하고 있는 그러한 식의 정교한 믿음 체계를 가질 수 있는지에 관한 것이고, 둘째는 우리가 우리의 믿음 체계 전부를 인지하고 있다고 하더라도 그 체계 안에 있는 믿음들의 정합성을 결정

---

59) Konblith(1989), 207~210쪽.

짓는 데 어려움이 뒤따를 것이라는 점이다. 마지막으로 DP의 중요한 속성 중에 하나는 상위 믿음들이 대체로 참이라는 주장인데, 그렇다면 DP가 그 진리성을 그대로 보장해 줄 수 있느냐에 관한 의혹을 제기하고 있다. 게다가 "우리는 왜 믿음들의 정당화가 정당화되지도 않은 상위 믿음들로부터 추론되어야 하며, 이 믿음들이 참일 확률이 높다고 받아들여야 하는가?"에 있다. 외재론자의 입장에서 DP가 나의 상위 믿음들의 정당화를 제공할 수 없다면 DP에 의존하는 것은 인식론의 제일 원리라 할 수 있는, 인식 정당화가 인지자에 따른 근거나 합리성과는 다른 외적 조건에 의존해야 한다는 원리를 위반하고 있다는 지적이다.

IR은 내재론이 한 믿음과 그것의 상위 믿음 그리고 그 상위 믿음의 또 상위 믿음에 직접 접근할 것을 요구하는 데서 비롯된 것이다. 만일 그러한 상위 믿음의 계열 가운데 그 하나에 대해 접근의 필요성을 제거한다면 무한소급은 성공적으로 차단될 것이다. 봉쥬르는 DP를 통해 정당화할 믿음의 바로 상위 믿음에 대한 접근의 필요성을 제거하고 있다. 이에 반해 퓨머턴은 그 대신 정당화된 믿음 혹은 지식의 조건에 대해 보다 '약한 접근(weak access)'을 요구함으로써 IR를 회피하려는 전략을 취하고 있다. 정당화의 조건에 대해 직접적인 접근을 요구할 경우 무한소급이 발생하지만 약한 접근만을 요구함으로써 상위 믿음을 실제로 정당화하는 대신 어떻게 정당화할 수 있을지 그 방법만을 인지자가 손에 넣은 상태에서도 원래의 믿음이 정당화된다는 입장을 취할 경우 무한소급은 발생하지 않을 것이다. 이러한 방식으로 내재론을 약화시킨다는 것은 상위 믿음을 실제로 정당화하는 대신 잠재적으로(potentially) 정당화한다고 해도 원래의 믿음에 접근한 것으로 간주된다는 것을 의미한다. 이러한 약한 접근의 요구에 따른 내재론에서 어떤 믿음을 정당화하는 것은 그 믿음이 정당화된다는 것을 정당하게 믿는다는 것을 함축하는 대신 그 믿음이 정당화된다는 것을 잠재적으로 정당하게 믿는다는 것을 함축하게 된다.60)

위에서 본 것처럼 내재론자들에게 인식적 정당화 조건에 대한 강한 접근을 요구할 경우 무한소급에 빠지는 결과를 초래한다. 이러한 결과가 내재론자들에게 상당한 부담으로 작용할 것임은 말할 것도 없다. 그러나 여기서 다음 두 가지를 분명하게 짚고 넘어갈 필요가 있다고 생각된다. 한 가지는 비록 '강한 접근의 요구'가 내재론자에게 상당한 부담을 지우는 것은 사실이지만 내재론자들이 그 부담에서 끝내 벗어날 수 없을 경우 지식이 불가능하다는 회의적인 결론을 받아들이지 않을 수 없을 것이고, 따라서 IR의 발생은 결국 내재론에 대해 치명적인 손상을 입힐 것이라고 말해서는 안 된다는 것이다. 다시 말해 정당화 조건에 대한 강한 접근의 요구에 따른 IR의 발생이 곧 내재론의 테두리 내에서는 어떠한 지식도 불가능하다는 식의 주장과 같은 의미로 해석되어서는 안 된다는 것이다. 그러나 그것이 지식과 정당화된 믿음을 정의함에 있어 IR이 발생해도 무방하다는 것을 의미하는 것은 결코 아니다. 즉, p를 알기 위해서는 p를 안다는 것을 알아야 한다는 요구, 혹은 p를 정당하게 믿기 위하여 p를 믿음에 있어 정당화된다는 것을 정당하게 믿는다는 것을 요구하는 것은 악소

---

60) Fumerton(1988), 447쪽.

급을 대수롭지 않게 넘겨버리는 처사로서 비쳐질 우려가 있다.

인식 정당화 조건에 대한 강한 접근의 요구를 만족시킬 수 있는 유일한 길은 무한한 수의 갈수록 복잡한 지향적 상태를 마음이 지닐 수 있는 가능성을 허용하는 것이다. 예를 들어 내가 P라는 나의 비추론적 믿음을 정당하게 갖자면, P를 믿는 것을 정당화하는 조건 X에 접근하여 그것을 정당하게 믿어야 하며, 또한 마찬가지로 X를 믿는 것을 정당화하는 조건 Y에 접근하여 그것을 정당하게 믿어야 한다. 이러한 과정은 무한히 반복될 수 있는데 그 무한한 과정에서 등장하는 갈수록 복잡해지는 모든 믿음을 마음이 지닐 수 있다고 가정하지 않는 한 강한 접근의 요구를 수용할 수 없는 것이다.61) 이처럼 무한한 수의 지향적 상태를 마음이 지닐 수 있다고 인정한다면 IR은 굳이 해결해야 할 문제가 되지 않을 것이며 따라서 그 문제를 해결하려고 노력할 필요 없이 단지 그에 따른 인식 정당화가 어떻게 이루어지는지 설명하는 것으로 족할 것이다. 이러한 입장을 취하는 것이 전혀 불가능하다고만 할 수도 없는데 그 이유는 인간은 무한히 많은 생각을 가질 수 있는 것으로 가정할 수도 있으며 또한 얼마든지 많은 지식을 축적할 수 있는 존재로 생각될 수 있기 때문이다. 그러나 이러한 입장을 취하는 것이 논리적으로 가능하다고 해서 내재론자들이 IR에 대한 해결책으로 선뜻 그러한 견해를 내세우는 것은 지나치게 안이한 자세라고 평가될 수도 있다. 위의 입장은 본질적으로 IR을 해결한 것은 아니며 악소급에서 벗어나는 것만이 IR의 문제를 엄밀하게 해결하는 유일한 방안이 될 수 있다

---

61) Fumerton(1988), 448~449쪽.

는 비판자들의 주장에 대해 그러한 비판을 이해할 수 없다는 식의 태도를 취하는 것은 사실 당당하지 못한 궁색한 태도로 비쳐질 여지가 얼마든지 있는 것이다.

이러한 상황에서 내재론자들은 IR의 문제의 해결에 정면으로 달려드는 대신 문제를 우회해 가는 전략을 사용할 수 있다. 그것은 IR이 제기되는 근본적인 이유나 동기를 되물음으로써 그러한 동기나 이유가 비록 IR의 문제를 야기할 수도 있지만 그 문제보다는 훨씬 중요한 타당한 요소를 지닌다고 답변하는 것이다. 즉, IR의 문제 때문에 내재론을 포기한다면 그것은 IR의 문제와 함께 IR을 야기하는 동기나 이유가 지니고 있는, IR의 문제보다 훨씬 중요한 요소를 동시에 포기하는 결과가 될 것이며 따라서 그것은 빈대를 잡자고 초가삼간을 태우는 결과가 되리라는 것이다. 구체적으로 내재론에서 IR이 발생하는 것은 앞에서도 지적한 것처럼 인식 정당화 조건에 대한 인식 주관의 강한 접근의 요구이다. 그런데 이러한 요구는 진리의 추구라는 인식 의무에 충실하기 위한 것으로서 인식 정당화의 목표가 진리에의 추구를 통한 인식적 합리성의 확보에 있다는 점에 비추어 볼 때 바람직한 요구라고 할 수 있는 것이다. IR의 문제가 이처럼 진정한 의미의 인식 정당화의 목표를 추구하려는 과정에서 나타난 것이기 때문에 반드시 그 문제로 해서 내재론을 포기해야 할 이유까지는 없다고 응수할 수 있다. 그러나 이러한 답변이 과연 IR 문제에 대한 진정한 의미의 해결책이라고 생각할 수 있을까?

위와 같은 내재론자들의 답변은 사실 IR 자체에 대한 답변이라고 생각할 수 없다. 그것은 IR에 대한 답변과는 무관한, 내재론의 특정한 입장을 되풀이한 것에 불과한 것으로, 말하자면 한 민음의 정당화 여부는 인식 주관의 현재 관점에 따른 내재론적 제약하에 놓이게 되고, 이러한 내재론적 제약으로 인해 인식 정당화에 상위 의식이 요구될 뿐이라는 내재론의 고유한 주장을 펼친 것에 불과할 뿐 달리 적절하게 설명해 주고 있는 것은 아무것도 없다. 이러한 답변은 고작 내재론적 정당화에 의거할 때, 한 민음을 정당화하자면 그 민음의 정당화 조건에 대한 인식 주관의 접근이 불가피하며 그에 따라 상위 의식의 요구가 필수적일 수밖에 없다는 생각을 반영하고 있는 데 불과하다. 이러한 내재론자들의 태도는 인식 주관이 접근한 민음으로부터 출발하여 진리에 도달해야 한다는 내재론적 제약은 인식 정당화에 필수적이며 설사 그로 인해 민음과 진리와의 괴리를 피할 수 없다거나 혹은 IR과 같은 현상이 벌어져도 어쩔 수 없는 일이라는 식으로 해석된다. 내재론자들은 IR의 문제에 대해 그러한 태도를 취하는 것으로 충분하여 달리 그 문제를 해결할 수 있는 방안을 내놓으라는 것은 이해할 수 없는 무리한 요구라고 주장할지 모른다. 그러나 이러한 내재론자들의 답변은 악소급 그 자체의 형식(formal vicious regress)에 관한 답변과는 전혀 동떨어진 것이다. IR의 형식에 관한 답변이라고 한다면, 적어도 IR을 차단하는 효력만큼은 지녀야 함에도 불구하고 내재론자들의 고유한 입장만을 되풀이하고 있기 때문이다.62)

---

62) 적어도 앞에서 살펴본 봉쥬르처럼 DP를 통해 IR을 차단하는 효과를 가져야 IR 문제에 대한 진정한 해결책이라고 말할 수 있을 것이다. 왜냐하면, 그는 DP를 설정하고 이에 관한 정합적 설명을 통해 IR을 차단하고 있기 때문이다.

IR의 형식은 그야말로 악성이기 때문에 소급이 점점 복잡하게 확장되어 나가는 양상을 보이고 있다. 따라서 IR의 문제를 정면으로 해결하라는 요구는 내재론자에게 더욱 힘겨운 짐으로 작용했을 것이다. 그 결과 그들은 그 해결책으로 마음의 능력에 제약을 가해 비추론적 정당화 조건에 대해 약한 접근만을 요구하는 쪽으로 그 선택이 기울게 된다. 즉 내재론의 입장에서는 IR을 허용할 경우 궁극적으로 정당화된 믿음의 가능성을 차단시키고 마는 결과가 빚어질 우려가 있다는 판단하에 마음의 능력에 제약을 가하면서까지 인식 정당화의 가능성을 확보하고자 한 것인데, 이러한 선택은 내재론자들로서 선택지는 그리 많지 않았기 때문에 내재론의 근간을 유지하는 최소한의 방편으로 어쩔 수 없는 선택이었다고도 말할 수 있을 것이다. IR은 어떤 믿음이 정당화되었다는 것이 그 믿음이 정당화되었다는 상위의 믿음이 정당화되었다는 것을 함축한다고 할 때 발생하는 것이다. 그러나 원래의 정당화된 믿음과 그것이 정당화되었다는 상위의 믿음, 그리고 더 이상의 상위의 믿음을 어느 정도 분간할 수 있을지 의심스러운 바가 있다. 따라서 우리는 그러한 상위의 믿음들이 실제로는 존재하지 않더라도 원래의 믿음을 정당화할 수 있는 길을 찾아야 하며 그렇기 위해서는 정당화 조건에 대한 약한 접근가능성만을 요구해야 하는 것이다.

4. 내재적 소급과 합리성의 문제

1) 내재적 소급에 대한 외재론의 대응

IR의 문제를 어떻게 해결할 것인가를 둘러싸고 내재론의 진영에서 다양한 목소리가 나오고 있는 것은 내재론 자체가 상당히 복잡한 입장이기 때문인데 복잡성의 이면에는 내재론의 핵심적인 요소라고 할 수 있는 정당화 조건에 대한 '접근가능성(access)'의 개념이 자리잡고 있다. 따라서 내재론을 둘러싼 공방은 사실 접근의 개념을 둘러싸고 전개되는 논란이라고 해도 지나치지 않다. 우리는 위에서 IR을 발생시키는 주범이 바로 정당화 조건에 대한 강한 접근의 요구임을 보았는데, 이러한 요구가 내재론자들에 대해 정당하게 제기될 수 있는 한 내재론자들이 근본적으로 그들이 처한 곤경에서 벗어날 길이 없다는 생각이 내재론에 비판적인 외재론자들의 입장에 더욱 힘을 실어주게 만드는 요인으로 작용하고 있다. 내재론자들의 곤경에 대한 그러한 고정관념 때문에 외재론자들이 오로지 IR의 문제만을 물고 늘어져 내재론 진영에서 그 문제에 대한 해결책을 아직도 제시하지 못하고 있다는 비난만을 되풀이할 뿐 그 밖에 내재론자의 다른 주장을 귀담아 들으려고도 하지 않은 것이 사실이지만, 내재론자들도 보다 적극적으로 IR의 문제를 해결하는 데 나서지 않으면서 IR과 관련된 비판에 대해 아예 대꾸조차 하지 않거나 자신의 기존의 입장만을 강화시키는 것으로 그 답변이 이루어졌다고 생각하는 경향이 있었던 것도 사실이다. 그러나 이러한 식의 공방이 IR의 문제를 해결하는 데 별반 기여할 수 없음은 명백하다.

'접근'의 개념을 그대로 유지할 경우 그 개념을 보다 약하게 해석함으로써 얼마간 IR을 차단할 수 있는 여지가 있음을 우리는 본 바 있다. 그러나 IR의 문제가 바로 '접근'의 개념에서 야기되는 것이니만큼 그 개념을 강하게 해석할 것인지 약하게 해석할 것인지를 따지기보다는 아예 그 개념을 포기하고 대신 '사실에 대한 직접적인 대면(*direct acquaintance with facts*)'의 개념을 사용하여 비추론적 정당화를 정의하는 입장이 오히려 IR로부터 벗어나는 보다 효과적인 방안이 되지 않을까? 이러한 방안은 물론 내재론자들보다는 오히려 외재론자들이 취하기 유리한 것인데, 그러나 그러한 방안을 채택한다 하더라도 그것을 구체적으로 어떻게 추진할 것인가 하는 것은 여전히 문제로 남게 될 것이다. 여기서 그러한 방안을 추진하는 구체적인 예로서 외재론에서 가장 비중 있는 인물인 골드만의 견해를 통해 IR을 둘러싼 내 · 외재론자들의 논쟁의 성격을 보다 세부적으로 살펴보기로 하자.

골드만은 Goldman(1979)에서 인식적 정당화에 관한 그의 초기 이론을 제시하고 있는데, 그 이론은 인식적 외재론의 유형 가운데 하나인 신빙주의로 알려져 있다. 그 글에서 그는 인식적 정당화에 대한 일종의 재귀적(recursive) 정의를 시도하고 있다.63) 그의 재귀

---

63) Goldman(1979), 1~23쪽. 골드만의 인식론적 입장은 Goldman(1985)에서 보다 정교한 형태로 드러나고 있는데, 그러나 여기에서는 그동안 일관되게 주장해 온 전형적인 신빙주의에서 다소 벗어나는 경향을 보이고 있다. 그는 그 글에서 정당화가 정상적인 세계에서 신빙성의 함수라고 말하고 있는데, 그 말은 믿음이 정상적인 세계에서 그 세계에 관한 믿음에 의거해서 정당화된다는 것을 의미하는 것으로 해석된다. 그러나 그러한 생각은 정당화가 (실제로) 신빙성 있게 산출된 믿음을 함축한다는 입장을 포기하는 것과 다름없다. 사실상 이러한 견해는 신빙론보

적 정의에 의하면, 한 믿음이 정당화되는 것은 다음의 두 가지 경우 또 오직 그 경우에 한한다. 하나는 조건 없이(unconditionally) 혹은 이미 정당화된 믿음에 의존하지 않고 신빙성 있는 믿음-독립 과정(belief independent processes)에 의해 형성되는 경우이며, 다른 하나는 이미 정당화된 믿음을 투입(input)하여 그것에 의존하여 신빙성 있는 믿음-의존(dependent) 과정으로부터 형성되는 경우이다. 위의 첫 번째 조항은 "시점 t에서 p에 대한 S의 믿음이 신빙성 있는 믿음-독립 과정으로부터 (즉각적으로) 산출된다면, 시점 t에서 p에 대한 S의 믿음은 정당화된다."로 보다 엄밀하게 정식화할 수 있는데, 여기서 믿음 산출 과정이 독립적이고 신빙성이 있다는 것은 그것이 투입되는 믿음과는 무관하게 언제나 참인 믿음을 산출한다는 것을 의미한다. 그러한 잘못된 믿음 독립 과정의 사례로 골드만은 혼란된 추론, 희망적 사고, 감정적인 사고, 단순한 육감이나 어림짐작, 그리고 성급한 일반화 등을 들고 있다. 그리고 이것들이 잘못된 믿음 형성 과정인 이유에 대해 그는 상당 기간에 걸쳐 오류를 산출한다는 점에서 신빙성이 없기 때문이라고 말하고 있다.[64]

반면에, 믿음-의존 과정은 투입된 믿음에 의존해서 진행되는 과정으로서, '투입' 믿음이 참일 때 '산출' 믿음이 언제나 참이 될 경우 그 과정은 신빙성이 있는 것으로 간주된다. 다시 말해, 투입된(input) 믿음이 참일 경우 참인 믿음을 산출(output)하는 경향이 있는 오직 그 경우에 한해서 조건적으로 신빙성이 있다

다는 오히려 정합론에 더 가까운 입장으로 비처지기도 한다.

64) Goldman(1979), 179쪽.

(*conditionally reliable*)고 말할 수 있는데,[65] 그 대표적인 사례로 골드만은 표준적인 지각 과정, 기억, 좋은 추리, 내성과 같은 것을 들고 있다. 그에 따르면 이러한 믿음 형성 과정은 그 과정에 의해 산출된 믿음들이 대체로 신뢰할 만하다는 점에서 신빙성 있는 과정이라고 할 수 있다는 것이다.[66]

정당화 부여 조건에 대한 이러한 정의에 문제점이 없는 것이 아니며 따라서 골드만은 그 문제점을 극복하기 위해 과정의 적절성에 관한 조건[67]을 이후에 다시 제안하고 있지만, 그러한 측면은 현재 우리의 논의와 직접적인 연관성이 없기 때문에 여기에서 다루지는 않을 것이다.

골드만류의 외재론에서는 신빙성 있는 믿음 형성 과정에 의해 산출되었다는 것이 정당화 부여 속성을 이룬다. 여기서 신빙성이라는 것은 믿음과 진리 간의 연관성에 관한 기준으로서, '참인 믿음을 높은 비율로 산출하는 경향성'을 의미한다. 앞에서도 지적한 바와 같이 무한소급은 정당화 부여 속성이 무엇이냐 하는

---

65) 골드만에 따르면 연역과 귀납은 조건적으로 신뢰할 만한 믿음-의존 과정이다.

66) Goldman(1979), 179쪽.

67) 골드만은 상대적으로 단순한 인지 과정을 적용함으로써 특정한 시점에서 그러한 믿음에 도달할 수도 있지만, 이후에 또다시 수정할 수도 있다는 점에서 위의 정의를 잠정적인 것으로 받아들이고 있다. 이에 대한 대표적인 예로 색에 대한 지각과 같은 경우를 들고 있다. 즉, 보다 세부적인 신뢰성 있는 인지 과정이 있을 경우에 원래의 믿음은 정당화되지 않는다. 즉 뜻밖에 밝혀진 사실과 같은 부가적인 정보에 관한 설명을 받아들이는 경우와 마찬가지로 보다 더 정교한 과정이 적용된다고 했을 때 원래의 믿음을 채택하지는 않을 것이다. 골드만은 이러한 문제점들을 해결할 수 있는 새로운 이론을 이후에 제시하게 된다.

것과는 관련이 없으며, 그러한 속성에 어느 정도의 강도로 그 접근을 요구하느냐에 달려 있는 문제이다. 따라서 골드만류의 외재론적 정당화에서도 신빙성 있는 믿음 형성 과정에 강한 접근을 요구할 경우 무한소급이 발생할 우려가 있다. 그러나 골드만은 정당화의 조건으로서 한 인지자의 믿음이 신빙성 있는 과정에 의해 산출되었는가만이 문제가 될 뿐, 그러한 과정에 대한 인식적 접근(epistemic access)을 굳이 요구할 필요가 없다고 생각한다. 신빙성 있게 산출되었다는 것이 무엇을 의미하는지에 관해 내게 아무런 생각이 없다고 하더라도, 나의 믿음은 신빙성 있게 산출될 수 있다. 또한 나의 믿음이 정당화되기 위해서는 그러한 사실만으로 족하며 그 사실에 접근하여 그에 관한 정당화된 믿음을 또 가질 필요가 없다. 이처럼 정당화된 믿음을 갖기 위해 반드시 정당화 조건에 대한 접근을 요구하지 않는 것이 외재론의 한 중요한 특징을 이루는데, 외재론의 그러한 측면이 동시에 내재론자들의 공격의 표적이 되고 있다.

  내재론자들은 인식 주관이 어떤 명제가 정당화 조건을 충족시키고 있다는 것을 정당하게 믿고 있지 않은 상태에서도 그 명제를 정당하게 믿을 수 있다는 것을 허용한다는 점에서 정당화에 대한 외재론적 개념은 분명히 문제가 있다고 지적하고 있다. 내재론자들의 이와 같은 끊임없는 지적에 대해 외재론자들은 이제 무감각해져서 굳이 답변조차도 하지 않으려는 듯한 태도를 보이고 있다. 그럼에도 불구하고 우리는 내재론자들이 제기하는 문제의 맥락에서 외재론자에 대해 다음과 같은 물음을 제기하지 않을 수 없다. 그 물음이란 내재론자들이 말하는 정당화 조건에 대한 접근의 요구를 완전히 무시한 채 신빙주의를 유지하는 것이 외재론자들의 입장에서 과연 가능한가 하는 것이다. 인지자는 그의 믿음이 신빙성 있는 과정에 의해 산출되었다는 것을 모르는 채로 그 믿음을 지닐 수가 있다. 이러한 상황에서 외재론자들에 의하면 그 인지자는 자신의 믿음이 정당화되었다는 것을 알지 못한 채로 정당화된 믿음을 지니게 된다. 그런데 우리가 정당화된 믿음을 지닌다고 하는 것은 그 '정당화'가 인식적 책임이나 의무 혹은 선과 관련된 문제이기 때문이다. 만일 우리가 의식하지 못한 채로 정당화된 믿음을 지닐 수 있다는 것은 우리가 의식하지 못한 가운데 인식적 책임이나 의무 혹은 선을 행할 수도 있다는 것을 의미한다. 우리가 어떤 의무를 수행한다고 했을 때, 그 의무를 수행하려는 적극적인 의지를 동반하는 것은 지극히 당연하며 따라서 우리가 모르는 사이에 의무를 수행한 결과가 되었다는 것은 의무와 책임의 용법에 비추어 볼 때 옳지 않은 표현이라고 할 수 있다.

어떤 인지자도 그가 합리적인 인간이라면 정당화된 믿음을 지님으로써 인식적인 책임 내지는 선을 행하려는 의지가 있다고 생각해야 한다. 따라서 어떤 인지자가 정당화된 믿음을 지녔다면 보통 그러한 믿음을 지니려는 의지가 적어도 겉으로는 드러나 있지 않더라도 있었다고 보아야 옳다. 만일 그 인지자가 외재론자였다면 그는 자신의 정당화된 믿음 이외에도 사실은 그 믿음이 신빙성 있는 믿음 형성 과정에 의해 산출되었으며, 또한 그렇게 형성된 믿음에 대해 정당화된 믿음이라는 생각이 명시적이지는 않더라도 잠재적으로는 있었다고 생각해야 한다. 그러한 생각이 잠재적으로도 없었다면 그는 자신의 믿음에 대해 **내재론자들**이 그들의 의미에서 정당화된 믿음에 대해 지니는 것과 같은 태도를 어떻게 지닐 수 있겠는가? 이러한 고찰은 신빙론에서도 '접근에 대한 약한 요구'마저 거부할 수는 없다는 것을 시사하는 것이다.

 여기서 다음과 같은 신빙론의 모델을 생각해 보자. 신빙론자가 자신의 믿음이 정당화되었다고 말할 수 있는 것은 단지 그 믿음이 어떤 과정 P1에 의해 산출되었을 뿐만 아니라 그 사실과 더불어 과정 P1이 신빙성이 있다고 정당하게 믿을 수 있는 경우에 한한다. 신빙론에 따른 정당화를 이러한 모델에 입각하여 해석할 경우, 원래의 믿음이 정당화되기 위해서는 P1이 신빙성이 있는 과정이라는 믿음을 발생시킬 수 있는 또 다른 과정 P2가 있어야 한다. 그런데 이 과정도 인지자가 정당화해야 하므로 P2라는 과정이 신빙성 있는 믿음 형성 과정이라는 또 다른 믿음을 발생시킬 수 있는 또 다른 과정 P3가 요구된다. 이는 또 다른 소급을 부르게 될 것인데, 그러나 이러한 소급이 내재론에서의 강한 접근의 요구에 따른 상위 의식에서 그 상위 의식으로의 소급과 같은 악성적인 것인지에 관해서는 아직 단정적으로 말할 수는 없다.68) 상위로 소급하는 과정의 어느 단계에서 신빙론자에게 상위의 믿음을 실제로 정당화할 것을 요구하는 대신 잠재적인 정당화만을 요구한다면, 따라서 그 단계에서는 정당화를 이룰 수 있

---

68) 여기서 잇달아 등장하는 신빙성 있는 믿음 형성 과정이나 방식이 반드시 모두 달라야 하는지는 분명하지 않다. 예를 들어 어떤 신빙주의자는 귀납의 신빙성에 대한 귀납적 정당화, 지각의 신빙성에 대한 지각적 정당화 등을 허용하는 것으로 보이기 때문이다.

는 방법을 입수할 수 있는 상태에 있다는 것이 충분하다고 한다면 더 이상의 소급은 일어나지 않을 것이다. 그러나 신빙론자에게 정당화 조건에 대해 이렇게 약한 의미의 접근 대신 강한 접근을 요구한다면 그는 그 요구를 받아들일 수 있을까?

신빙론자에게 그들의 정당화 조건, 즉 믿음 형성 과정이 신빙성에 대한 강한 접근을 요구할 경우 무한소급이라는 보다 큰 문제를 안기게 될 것이다. 따라서 신빙론자로서는 그러한 요구를 수용하지 않으려 할 것이다. 그렇다고 해서 반드시 받아들일 수 없는 것도 아니다. 전통적인 토대론이 강한 접근의 요구에 대처하기 위해 상정한 것과 같은 마음의 잠재적 복합성(*potential complexity of the mind*)을 가정할 경우 신빙론자로서도 강한 접근의 요구를 수용할 수 없는 것도 아니기 때문이다.[69] 물론 이 경우 **IR**과 같은 무한소급을 허용하는 결과가 되겠지만 이론상으로 이러한 선택이 전적으로 불가하다고 볼 수만은 없다. 그러나 신빙론자들이 이러한 선택을 했을 경우 내재론에 대한 외재론의 우위를 어디서 찾을 수 있을 것인가? 외재론자들이 내재론이 안고 있는 가장 큰 결함으로 단골처럼 지적했던 것이 강한 접근에의 요구와 그에 따른 **IR**이었다. 따라서 자신들도 **IR**과 같은 무한소급을 허용한다면 그들이 지금까지 자신들이 지니고 있다고 주장해 온 내재론에 대해 외재론이 지니고 있는 유리한 고지를 일거에 상실해 버리는 결과를 초래할 것이다. 만일 이 주장을 그대로 받아들이게 된다면, 이와 같이 설정한 신빙론에서는 일종의 **IR**을 허용하는 결과가 빚어지게 될 것이다. 신빙론자가 '마음이

---

69) Fumerton(1976), 557~569쪽.

무한한 복합성을 지니고 있기 때문에 소급을 허용하는 것이 별 문제가 되지 않는다'고 말하는 것은 신빙론자로서는 넘을 수 없는 한계를 넘어버린 답변이 될 우려가 있다.70)

2) 합리성의 문제

이 절에서는 IR 문제에 대한 전형적인 해결책 가운데 하나인 인간의 합리성을 배경으로 하고 있는 레러의 이론을 살펴봄으로써, 앞에서 다룬 IR의 문제에 대한 다양한 해결책들을 종결짓는다는 차원에서 논의를 전개하고자 한다. 그렇다고 해서 제시될 IR에 관한 레러의 답변이 전형적인 외재론자들이 만족할 만한 IR의 형식에 관한 해결책이 될 수 있다고 단정짓기는 어렵다. 그러나 레러가 모색하고 있는 해결 방안의 핵심은 인간 합리성의 배경이라고 할 수 있는 '수용 체계(acceptance system)'의 개념을 도입하여 인간 지식의 가능성에 관한 답변을 제시함으로써 IR로부터 벗어날 수 있는 시도로 보인다. 레러가 말하는 수용 체계가 무엇을 의미하는지를 알아보기 위해 직접 그의 말을 들어보자.

  "진리를 획득하고 오류를 회피하기 위해 우리가 받아
  들이는 것, 즉 우리의 수용 체계가 바로 관련 배경 체계

---

70) 만약에 이를 내/외재론 간의 논쟁의 관점에서 이해한다면 다음과 같이 말할 수 있을 것이다. IR을 둘러싼 논의에서 결국 내재론자와 외재론자들이 의견을 달리하는 부분은 한 믿음의 정당화가 상위 믿음의 실제적인(actual) 정당화나 잠재적(potential)인 정당화를 함축하는가 하는 것이다. 보다 일반적으로 말한다면 정당화라고 하는 것이 정당화 조건을 만족시킨다는 사실에 대해 실제적인 혹은 잠재적인 접근을 포함하는가의 여부에 관한 것이다.

에 해당하는 것이다. 우리의 수용 체계와의 정합성을 결정하는 요소는 이 체계에 입각했을 때 어떤 것을 받아들이는 것이 합리적인가 하는 것이다."[71]

이와 같은 레러의 시도는 엄밀히 말해 **IR**의 형식에 관한 답변이기보다는 오히려 인식 정당화의 존립 내지 지식의 가능성에 초점을 맞춘 답변이라고 할 수 있다. 여기에서 레러가 말하는 수용 체계란 우리의 인식적 목표가 진리에 도달하려는 것인 이상, 그 진리에 도달하기 위해 우리가 무엇을 받아들이는 것이 합리적인가를 알려주는 체계로서 이 체계와의 관련을 가짐으로써, 레러의 경우 그 체계와의 정합을 이룸으로써 정당화를 산출할 수 있다는 것이다. 레러가 명시적으로 언급하고 있는 '수용 체계'에 대한 정의는 다음과 같다.

> "시점 t에서 S의 수용 체계는 S가 p를 수용한다는 형식의 진술들의 집합으로 정의되는데, 그러한 형식의 진술들은 수용하려는 내용, 즉 p라는 내용에 대해 진리를 확보하고 오류를 회피한다는 목적하에 S가 시점 t에서 수용하고 있는 것들을 S에게 귀속시키는 진술들이다."[72]

예컨대 우리가 진리를 추구할 때 어떤 명제들만을 받아들이는 것은 우리의 수용 체계에 비추어 그 명제들을 받아들이는 것이 다른 명제들을 받아들이는 것보다 더 합리적이기 때문이다. 그러한 수용 체계는 내가 거실의 탁자 위에 재떨이로 보이는 물건이

---

71) Lehrer(1990), 6장, 112쪽.
72) Lehrer(1990), 117쪽.

나에게 보였을 때, 그것이 재떨이가 아니라는 명제를 받아들이는 것보다는 나의 시각적 경험을 존중하여 재떨이라는 명제를 받아들이는 것이 더 합리적임을 알려주게 된다. 레러의 수용 체계는 인식 주관이 최소한의 합리성을 확보하기 위한 개념적 장치로 볼 수 있는데, 수용 체계가 왜 불가피한지에 대해 레러는 다음과 같이 말하고 있다.

> "나의 수용 체계가 당연히 오류의 여지가 있기는 하지만, 이 시점에서 내가 손에 쥐고 있는 모든 정보를 토대로 해서 무엇을 받아들일 것인지를 결정하자면 불가불 그 수용 체계를 사용하지 않을 수 없다. 현시점에서 어떤 것을 받아들여야 할지 말아야 할지를 결정하려 할 경우, 그동안 진리를 추구하는 과정에서 내가 축적한 관련 정보를 활용할 것을 '이성'은 요구하는데, 그러한 정보는 이미 나의 수용 체계 속에 들어 있는 것이다. …… 나의 수용 체계는 새로운 데이터가 입수되고 새로운 추론이 이루어지면 그에 따라 변화하기 마련이지만 진리와 오류를 가려내려는 나의 노력이 결정적인 성과를 올렸건 별다른 성과를 올리지 못했건 이와는 상관없이 어떤 시점에서건 나의 수용 체계는 그러한 나의 노력의 성과를 반영하는 것이다. 지금까지 내가 진리와 오류를 가려내는 데 신통치 못했다고 비판받는 것이 정당한 일일 수는 있지만, 이 시점에서 나의 현재의 수용 체계에 입각하여 판단하는 행위만큼은 잘못일 수 없다."[73]

이러한 레러의 주장에는 합리적 존재로서의 인간이 불가피하게 받아들일 수밖에 없는 수용 체계를 기반으로 하여 상위 의식의 요구를 우회적으로 비껴가려는 의도가 깔려 있다고 생각된다.

---

73) Lehrer(1990), 114~115쪽.

여기서 레러가 어떻게 상위 의식의 요구를 비껴가는지를 확인하기에 앞서 개인적 정당화에 대한 그의 정의를 살펴보기로 하자.

레러는 어떤 믿음을 지니는 것이 얼마나 합리적인가 하는 문제는 그 믿음이 담고 있는 정보에 대한 수용가능성에 의존하는 것으로 보았다. 즉, 어떤 정보의 근거를 내 스스로 신뢰할만한 이유가 없을 때 나의 수용 체계는 그 근거에 따라 받아들인 정보를 거부하기보다는 수용하는 것이 보다 더 합리적이라고 생각할 만한 아무런 배경도 제공해 주지 못한다. 수용 체계는 또한 서로 경쟁하는 여러 상이한 이유들이 있을 때, 그 이유들 간의 비교를 통해 해당 정보를 수용하는 것이 얼마나 합리적인지를 결정해 주는 역할을 한다.

위의 고찰은 어떤 것과 수용 체계와의 정합성과 그것을 수용하는 일의 합리성 간의 연관성을 잘 보여주고 있다. 레러는 수용 체계가 경쟁하는 주장들 가운데 어떤 것을 받아들이는 것이 정당화되는지를 결정하는 데도 역할을 할 수 있다고 생각한다. 그는 즉, 나의 수용 체계에 기초하여 경쟁하는 주장들 가운데 어떤 하나를 수용하는 것이 다른 것을 수용하는 것보다 더 합리적이라는 것은 바로 그 주장이 나의 수용 체계에 더 잘 부합하거나 정합한다는 것을 의미한다고 밝히고 있다.[74] 예를 들어, 내가 사슴 한 마리를 보고 있다는 주장이 내가 환상을 보고 있다는 일종의 회의론적 주장과 상충한다고 할 때, 내가 사슴 한 마리를 보고 있다는 주장이 나의 수용 체계와 정합하는 반면 내가 환상

---

[74] Lehrer(1990), 116쪽.

을 보고 있다는 주장은 나의 수용 체계와 정합하지 않으며 따라서 후자의 주장 대신에 전자를 받아들이는 것이 합리적이다. 물론 내가 사슴을 보고 있다는 사실은 나의 지각에 따른 것이기 때문에 그에 대한 보다 근원적인 확신을 나의 수용 체계 자체가 제공해 주고 있는 것은 아니다. 나의 수용 체계는 나의 확신과 상충을 일으키는 주장에 반대하여 나의 확신에 따른 주장 쪽으로 판결하고 동시에 내가 그러한 주장을 수용하는 것을 정당화해 준다. 내가 수용하는 것이 나의 수용 체계와 정합한다는 것은 나의 수용 체계가 경쟁하는 여러 주장들 가운데 내가 수용하고자 하는 것에 유리한 쪽으로 작용하는 경우를 말한다. 이를 정식화하면 다음과 같다.

> 시점 t에서 p가 S의 수용 체계와 정합하는 경우 또 오직 그 경우에 한해 t에서 S의 수용 체계에 근거하여 S가 다른 경쟁하는 주장 가운데 p를 수용하는 것이 더 합리적이다.[75]

합리성에 대한 위의 레러의 정의는 수용 체계와 정합, 그리고 주장 간의 '경쟁'의 개념에 의거하여 이루어지고 있다. 따라서 여기서 경쟁의 개념을 명확하게 해 둘 필요가 있다. 경쟁하는 주장은 반드시 서로 모순되는 주장이 아니라는 것을 레러에 의하면 환상의 경우를 예로 들어 설명하고 있다. 내가 사슴 한 마리를 보고 있다는 주장은 내가 환상을 보고 있다는 주장과는 경쟁을 하지만 모순되지는 않는다. 왜냐하면, 환상의 경험을 하는 동시

---

75) Lehrer(1990), 117쪽.

에 실제의 사슴을 본다는 것이 논리적으로 가능한 일이기 때문
이다. 그러나 내가 환상의 경험을 하고 있다는 가정하에 내가 사
슴을 보고 있다는 것에 반대되는 가정을 수용한다는 것은 훨씬
덜 합리적이게 한다. 따라서 레러는 경쟁의 개념은 합리적임
(reasonableness)의 비교 개념에 의거하여 정의할 수 있다고 보고,
더 나아가 수용을 근거로 경쟁에 대한 정의를 다음과 같이 내리
고 있다.

> S는 t에서 S의 수용 체계를 근거로 c가 거짓이라는 가
> 정하에 p를 수용하는 것보다는 c가 참이라는 가정하에 p
> 를 수용하는 것이 보다 덜 합리적인 경우 그리고 오직
> 그 경우에 한해, c는 S에게 t에서 S의 수용 체계를 근거
> 로 p와 경쟁적이다.[76]

이제 이를 근거로 하여, 만일 어떤 주장을 수용하는 것이 그
경쟁 주장들을 수용하는 것보다 더 합리적이라면, 그 주장이 경
쟁하는 주장들을 물리쳤다(beat)고 여기는 것은 자연스럽다. '물
리침'이라는 개념을 이렇게 정의할 경우, 수용 체계를 기초로 하
여 모든 경쟁하는 것을 물리친다는 의미에서 어떤 것이 어떤 사
람의 수용 체계와 정합하는 경우에만 그가 그것을 수용하는 일
이 개인적으로 정당화되는 것으로 정의할 수 있다. 이에 따라 개
인적 정당화 조건을 다음과 같이 정의할 수 있을 것이다.

---

76) Lehrer(1990), 118쪽.

> t에서 S의 수용 체계를 근거로 p가 그와 경쟁하는 모
> 든 것을 물리치는 경우 또 오직 그 경우에 한해 S가 t에
> 서 p를 수용하는 것이 정당화된다.[77]

레러는 여기에 몇몇 개념적 장치를 더 도입함으로써 그의 이
론을 보다 정교한 형태로 발전시키고 있다. 그 세부적인 논의보
다는 수용 체계의 도입을 통해 레러가 IR의 문제에 어떻게 우회
적으로 답변하고 있는가 하는 것이 우리의 관심사이다. 레러에게
있어 한 믿음의 인식 정당화는 진리의 획득과 거짓의 배제에 기
여할 수 있는 합리적 수용 체계를 통해 확보된다. 또한 이러한
목적을 달성하기 위해 한 믿음의 참일 가능성은 어떠한 회의론
적 도전에도 응수할 수 있는 인식 주체의 수용 체계에 입각하기
때문에 인식 정당화의 관건은 인식 주체의 합리성에 달려 있음
을 인정하는 것이다. 따라서 인식 정당성을 확보함에 있어 본질
적인 배경을 이루는 것은 바로 합리성과 직접적으로 연관되어
있음을 알 수 있다. 이는 인식 정당화가 규범적이라는 것을 인정
하는 것이며, 동시에 그러한 규범적 평가에 영향을 미치는 것은
복합적인 요인임을 알 수 있다. 또한 레러는 합리성의 개념을 보
다 명확하게 드러내기 위해 개연성과의 구분을 통해 구체적으로
제시해 주고 있다.[78]

이를 위해 레러는 '합리성'을 자연주의적인 개념으로 환원될
수 있는지의 여부에 관해 묻고 있다. 그 가능성의 후보로 '개연
성'을 설정하면서 양자는 엄연히 구분된다는 것이다. 개연성과

---

77) Lehrer(1990), 118쪽.
78) Lehrer(1990), 126~128쪽 참조.

합리성이 동일하지 않은 근본적인 이유는, 개연성이 진리의 획득과 오류의 배제라는 목적에 비추어 어떤 것을 수용하는 것이 합리적인가를 결정함에 있어 오직 한 가지 요소뿐이라는 것이다. 예를 들어, "내 앞에 책 한 권이 있는 것으로 보인다."와 "내 앞에 책 한 권이 있다."는 문장을 비교해 보자. 진리의 획득과 오류의 배제라는 목적에 비추어 각각에 대한 합리성을 비교해 볼 경우, 전자의 진술이 오류의 위험성은 적지만 우리에게 제공해 주는 정보가 적은 반면 후자는 오류의 위험성은 높지만 더 많은 정보를 제공해 주게 된다. 결국 오류의 가능성은 전자보다 후자를 받아들일 경우 더 높지만 진리 획득의 차원에서는 전자보다 후자를 받아들일 때 더 높을 것이다. 이 예가 시사하는 바는 진리의 확보라는 목표와 오류의 배제라는 목표가 서로 별개의 것이며 서로 상반된 방향으로 진행될 수 있음을 나타낸다. 세계에 관해 알려주는 정보의 내용이 많으면 많을수록 그 진술을 수용하는 것은 그 진술이 참인 경우에 더 많은 정보를 제공해 주지만 그렇지 않을 경우 오류의 위험 또한 더 커지게 된다. 진술의 개연성은 오류의 위험이 어느 정도인지를 알려주지만 그 진술이 참일 경우 그것을 수용하는 방식을 통해 얼마나 많은 정보를 얻을 것인가에 대해서는 알려주는 바가 없다. 참인 것을 수용한다는 목표와 거짓인 것을 받아들이지 않는다는 목표가 서로 상반된 방향으로 진행될 수 있음은 한쪽의 목표를 전적으로 배제하고 다른 쪽의 목표만을 지향했을 경우 그 결과를 통해 알 수 있다. 만일 어떤 사람이 오류의 배제에만 관심을 갖고 진리의 수용에 무관심하다면, 아무것도 수용하지 않음으로써 언제나 성공을 거둘 수 있을 것이다. 게다가 참인 것을 받아들이는 것에만 관심을 기울이고 오류를 배제하는 것에 무관심하다면, 모든 것을 수용함으로써 성공할 것이라는 것도 이와 같은 맥락에서 이해할 수 있다. 이것은 합리성이 무엇인지에 관해 우리에게 말해 주고 있는 것이다.

　이와 같은 레러의 일련의 시도를 통해 분명히 확인할 수 있는 것은 외재론자들이 문제삼고 있는 내재론적 소급(IR)의 문제가 수용 체계를 전제할 경우 크게 문제삼을 이유가 없으며, 오히려 지식의 본성에 관한 보다 밀접한 답변임을 알 수 있다. 우리의 수용 체계는 인간 합리성의 근간을 이루기 때문에 어떠한 회의론적 도전에 대해서도 가능한 답변을 제공해 줄 뿐만 아니라 경쟁하는 어떠한 주장들 가운데에서도 합리적 선택이라는 대안의 구실을 마련해 주고 있다. 이러한 레러의 답변을 통해 보다 분명하게 밝혀진 점이 있다면, IR의 문제와 관련하여 외재론자들에게 있어 하등 IR이 내재론을 무력화시키기 위한 무기일 수 없는 이유를 밝혀주고 있는 셈이며, 외재론 역시 IR의 문제가 그 스스로도 예외일 수 없다는 것을 보여주고 있다고 생각한다. 만일 그렇지 않다면, 특히 약한 접근의 요구와 관련하여 IR에 대한 외재론 내에서의 답변이 또 다른 과제로 남게 될 것이다.

　IR의 문제를 포함하여 다양한 인식론적 문제들이 내·외재론이 안고 있는 문제를 극복하려는 과정에서 파생된 것이라고 했을 때, 그러한 문제들을 궁극적으로 해결할 수 있는 관건은 지적 존재로서의 인간을 합리적 존재로 만들 수 있는 길이 무엇인가에 달려 있을 것이다. 인간의 지식은 합리성이라는 요소를 포함

하고 있으며, 이 합리성에 인간의 진정한 지식의 가능성에 대한
관건이 내장되어 있다고 생각되는 것이다. 이러한 생각은 은연중
인식 주관의 접근을 언급하지 않는 한 '한 믿음에 대한 인식 정
당화'를 해명할 길이 없다는 것을 함축하고 있다. 합리적 존재로
서의 인간이 확보한 지식이 진리라고 해도 그 진리는 인간의 합
리성과 관련된 특정한 종류의 진리가 될 수밖에 없다. 그렇다면
한 믿음의 정당화가 달성되는 유일한 방식이 있다고 말할 수 없
다. '접근'의 개념이 내재론적 소급의 문제를 야기하기도 하지만,
그럼에도 불구하고 여전히 합리성을 충족시킬 수 있는 최소한의
조건이 될 수 있는 것이다.

제4장

규범성과 인식적 외재론의 이상

1. 인식 외재론의 구상과 전략

외재론에 속하는 전형적인 논제인 (JC)에 의하면 정당화된 믿음이 되기 위해서는 믿음과 진리 사이에 적절한 연결 관계가 있어야 할 것이 요구된다. 초기의 골드만은 이 연결을 인과 관계(causal relation)로 파악하고 있다. 지식에 대한 그의 분석에 따르면, 지식은 인지자의 내적 개입이 아니라 한 믿음의 역사라고 할 수 있는 외적인 것과의 인과 관계에 의해 산출되는 것이다. 초기 골드만의 이론과 같은 (JC)류의 인식 정당화론에서는 한 믿음이 정당화되는 것은 외부 세계와의 어떤 관계가 존재하는 것만으로 충분하기 때문에 인지자가 어떻게 생각하든 이와는 무관하게 정당화된 믿음을 지식이 되게 한다. 지식을 산출하는 것은 믿음과 진리와의 관계에 대한 인지자의 접근이 아니라 그 관계 자체라는 것은 그러한 의미에서이다. 골드만류의 외재론적인 관점에서 보았을 때 한 믿음을 정당화하는 것은 그 믿음과 진리 간의 어떤 법칙적 관계의 존재이다.

초기 골드만의 외재론에 근거한 정당화 개념의 분석은 게티어

의 문제와 지각적 지식의 경우에는 그럴듯한 설명을 제공해 주
는 것으로 보였지만,[79] 수학이나 논리학과 같은 형식 명제에 관
한 지식의 경우에는 속수무책이었다. 예를 들어, 내가 컵을 보고
있다는 사실은 나로 하여금 컵을 보고 있다고 믿도록 만드는 원
인이 된다. 따라서 나의 믿음과 사실 간에 인과 관계가 존재하기
때문에 내가 컵을 본다는 것을 알고 있다는 결론이 나온다.[80] 하
지만 형식 명제의 경우는 믿음의 대상과 믿음 사이에 요구되는
인과 관계의 성격을 규명하기에는 역부족이었고, 결국 제한된 해
결책을 제시하는 데 만족해야 했다. 물론 이러한 세부적인 반론
에도 불구하고 골드만은 그것들을 무시한 채 오히려 자신의 논
의를 보다 강화시키는 방향으로 나아가고 있음은 지식에 관한
그의 이후의 분석에서도 잘 드러나고 있는데, 그러나 그의 기본
적인 전략만큼은 일관되게 유지하고 있음을 알 수 있다.

---

79) 앞서 2장의 2절의 게티어 반례에서 '그 회사에 고용될 사람은 주머니
에 10개의 동전을 가지고 있다'는 요지의 스미스의 믿음은 (1) '존이 그
회사에 고용될 것이다'라는 그의 믿음 및 (2) '존의 주머니에는 10개의
동전이 있다'는 그의 믿음과 인과적인 관계에 있다. 그런데 그 가운데
(1)이 참이 아니다. 다시 말해 스미스의 믿음은 진리와 인과적인 관련
(causal connection)을 이루고 있지 않다. 골드만은 그 밖에 다른 모든 게
티어류의 반례에 대해서도 이러한 비판이 가능하다고 주장한다. 골드
만은 감각 지각의 경우 그것이 비추론적이라고 생각하건 혹은 직접적
으로 지각된 감각 자료를 토대로 한 추론이라고 생각하건 감각 지각이
대상과 감각 지각에 의한 믿음 간에 인과적 관련의 존재 여부가 그 믿
음의 정당화를 결정한다고 본다. Goldman(1967), 357~372쪽.

80) 정당화를 지식을 이루는 한 조건으로 설정한 것은 하나의 믿음이 우연
적으로 참이 되는 것을 배제하기 위함이다. 그런데 문제의 믿음과 외
부 세계 간의 어떤 관계의 존재를 정당화의 조건으로 삼는다면 우연적
으로 참인 믿음이 지식이 되는 경우를 완전히 배제하기 어렵다는 우려
를 레러는 제기하고 있다. Lehrer(1990), 153~154쪽 참조.

골드만의 외재론적 전략에 따르면 지식을 산출하는 것은 믿음과 그 믿음을 참인 것으로 만드는 것 간의 어떤 관계 혹은 연관성이며, 그 관계에 대해 우리가 어떻게 생각하든, 혹은 생각하든지 말든지 간에 아무런 영향도 미치지 못한다. 그러한 관계를 '법칙적인 관계'로 분석하기도 하고, '반사실적인 것'으로 분석하기도 했는데, 이후에도 골드만은 전기의 분석과는 다소 차이를 보이고는 있지만, 정당화된 믿음이란 신빙성 있게 산출된 믿음-형성 과정의 결과이어야 한다는 골격만큼은 그대로 유지하고 있다. 이러한 골드만의 기본적인 입장은 다음과 같이 정식화할 수 있을 것이다.

> **(R1)** 시간 t에 S가 p를 믿는 것이 신빙성 있는 믿음-형성 과정에 의해 산출되는 경우에 한해, 시간 t에서 p에 대한 S의 믿음은 정당화된다.[81]

그러나 이와 같은 정식화에 대해 두 가지 의문이 제기될 수 있다. 첫째는 믿음-형성 과정이 신빙성이 있다는 것은 그 과정에 의할 때, 거짓인 믿음보다 참인 믿음을 더 많이 산출하게 된다는 것인데, 이것이 무엇을 의미하는지 불분명하다. 둘째는 어떤 사람이 믿음을 형성했을 때 그러한 믿음을 형성한 과정을 어떻게 이해하느냐에 따라 그 믿음의 정당화 여부에 차이가 있을 수 있다는 점이다. 이와 같은 두 가지 의문에 대해 일단은 각기 분리해서 답변할 필요가 있다. 우선 첫 번째 의문과 관련하여 우리는 다음과 같

---

81) Goldman(1979), 182쪽.

은 문제를 제기할 수 있다. 골드만의 인식 정당화의 분석은 '적절
한 인과적 뒷받침 관계'와 같은 외재적 요소를 필수적으로 요구
하지만, 그러나 '신빙성 있는 믿음-형성 과정'을 통해 어떻게 정당
화가 산출되는지에 관한 해명이 제대로 이루어지지 않는다면 충
분히 타당성을 지닌 정당화 이론으로 보기가 어려울 것이다. 이에
관해 골드만은 일단 신빙성 있는 믿음 형성 과정이란 '적절한 입
력 조건(adequate input-condition)'하에서 거짓인 믿음에 비해 참인
믿음을 더 많이 산출하는 과정으로 정의하고 있다. 이러한 골드만
의 정의를 다음과 같이 정식화할 수 있을 것이다.

> (R2) 믿음-형성 과정 p는 '적절한 입력조건 I'에서 거짓인
>   믿음보다 참인 믿음을 더 많이 산출하는 성향
>   (propensity)이 있을 경우 또 오직 그 경우에 한해 p
>   는 신빙성이 있다.[82]

그러나 제시된 논제 역시 위의 두 번째 물음에 또 다시 답해야
하는 상황에 직면하게 된다. 두 번째 물음은 신빙성이란 믿음-형
성 과정의 유형(type)이 갖는 일반적인 특성이라는 사실 때문에
제기되는 것이다. 즉 어떤 유형의 믿음 형성 과정은 신빙성이 있
는 반면에 다른 유형의 믿음 형성 과정은 신빙성이 없다는 식의
이야기가 성립한다. 그 말은 전자의 유형에 속하는 모든 믿음-형
성 과정의 사례(token)는 신빙성이 있는 데 반해 후자의 유형에
해당하는 믿음-형성 과정의 사례는 모두 신빙성이 없다는 것을

---

82) Goldman(1986), 63쪽.

의미한다. 그러나 문제는 그 두 유형에 동시에 속하는 믿음-형성 과정의 사례가 있을 수 있다는 것이다. 그것은 즉 '일반성의 문제 (generality problem)'라고 할 수 있는데 이처럼 하나의 믿음-형성 과정의 사례가 신빙성이 다른 믿음 형성 과정의 유형의 예가 된다면, 그 사례에 대해 일정한 신빙성을 부여할 수 없을 것이며, 따라서 어떤 경우에 정당화되고 또 어떤 경우에 정당화되지 않는지를 구별할 수 없게 될 것이다.[83] 이러한 일반성 문제는 특히 내재론자들이 외재론을 비판하기 위한 논변으로 집중적으로 제기하는 것으로서 그것을 다음의 예를 통해 구체적으로 살펴보자.

어떤 살인 사건을 수사하고 있는 수사관 두 사람이 동일한 증거를 근거로 서로 다른 사람을 범인으로 지목했다고 하자. 즉 수사관 A는 창원을 범인으로 지목한 반면, B는 철수를 지목했다고 하자. 실제 범인은 철수가 아닌 창원인 것으로 밝혀졌는데, 이러한 상황에서 골드만은 동일한 증거를 토대로 A는 일반적으로 참인 믿음을 형성하는 과정에 의존했으므로 그의 믿음 형성 과정은 신빙성이 있었고 따라서 그의 믿음은 정당성이 있었지만, B의 형성 과정은 단순한 추측에 의존하는 것이었기 때문에 그의 믿음이 정당화되지 못한다고 설명할 것이다. 하지만 이러한 신빙론이 설득력을 가질 수 있는지는 다음의 물음에 답할 수 있는가의 여부에 달려 있을 것이다.

수사관 A가 창원이 범인이라는 믿음에 도달하게 된 믿음-형성 과정은 서로 다른 유형의 믿음-형성 과정의 구체적인 예를 이루

---

83) 이에 대한 세부적인 논의는 John L. Pollock & J. Cruz(1999), 113-9쪽 참조.

는 사례일 수 있다. 즉, 그 믿음-형성 과정의 사례는 시각적 경험을 통한 믿음-형성 과정이라는 유형의 사례도 될 수 있고, 적절한 조명 하에서의 시각적 경험을 통해 믿음을 형성한 유형의 사례도 될 수 있거니와 그 수사관의 특별한 어떤 혜안에 따른 감각적 경험을 통해 믿음을 형성한 과정이라는 유형의 사례도 될 수 있을 것이다. 이러한 믿음-형성 과정의 유형들은 서로 다른 신빙성을 갖기 때문에 A가 가지고 있는 위의 명제에 대한 믿음을 형성하는 과정이 신빙성이 있다는 주장을 하기 위해서는 그의 믿음을 형성한 과정이 어떤 유형의 사례인지를 결정해 줄 수 있어야 한다. 수사관 A가 지목한 범인이 창원이라는 믿음을 형성한 과정이 시각적 경험을 통한 믿음-형성 과정과 같이 아주 넓은 믿음-형성 과정의 사례라고 한다면, 시각적 경험을 통한 믿음은 일반적으로 참이기 때문에 신빙성이 있으며, 따라서 그의 믿음은 정당성을 갖는다고 할 수 있다. 하지만 시각적 경험을 통해서 형성된 믿음 중에도 아주 어두운 조명 하에서 시각적 경험을 통해 형성된 믿음은 정당성을 갖기 어려운 경우가 많지만, 이러한 믿음-형성 과정의 유형을 아주 넓게 잡으면 시각적 경험을 통해 형성된 믿음은 일반적으로 신빙성이 있으므로, 그 유형의 사례인 아주 어두운 조명 하에서 시각적 경험을 통해 형성한 믿음도 정당화되었다고 해야 할 것이다. 따라서 과정의 유형을 너무 넓게 잡을 경우 위와 같은 문제가 발생하게 되는데, 반대로 믿음-형성 과정의 유형을 너무 좁게 잡을 경우 A의 믿음-형성 과정의 사례가 그 유형의 유일한 사례가 됨으로써, 그의 믿음이 실제로 참이므로 신빙성이 있고 따라서 정당화된다. 그렇지만 이처럼 믿음-형성 과정의 유형을 좁게 잡으면 모든 참인 명제를 믿는 것 역시 정당화되고, 모든 거짓인 명제를 믿는 것은 정당화되지 않는다는 결론이 나온다. 이렇게 좁은 믿음-형성 과정의 유형을 허용한다면 수사관 B가 대충 때려잡은 추측으로 창원이 범인이라고 지목하는 믿음-형성 과정의 예만을 사례로 갖는 유형을 설정할 경우 그 믿음은 참이므로 정당화될 수도 있다. 이처럼 한 믿음-형성 과정의 사례가 어느 믿음-형성 과정의 유형에 속하는지에 대한 명확한 기준이 없다면 항상 유리한 쪽으로 해석하여 정당화를 결정하는 꼴이 되고 말 것이다.[84] 골드만은 위와 같은 비판에 응수하는 가운데 앞서의 그의 논제를 부분적으로 수정하여 다시 정식화시키고 있는데, 물론 한 믿음의 정당화란 신빙성 있는 믿음-형성 과정에 의해 산출된다고 하는 기본적인 골격만큼은 그대로 유지하고 있다.

더 나아가서 골드만을 포함한 외재론자들이 취하는 기본적인 전략만큼은 자연주의와 동일선상에서 이해될 수 있다. 자연주의적인 인식론은 그 분석에 사용된 그 어떠한 개념도 자연 법칙적 관계와 같이 자연 현상을 기술하는 용어로 환원될 수 있다는 입장을 취하고 있기 때문이다. 인식론의 자연화의 선봉장 격인 콰인은 '지식의 본성에 관한 탐구'에서 우리의 지식이란 믿음이 어떻게 발생해서 어떠한 경로를 거쳐 어떻게 변화해 나가는지에 대한 설명으로 제한되어야 한다고 주장했다.[85]

자연주의적인 유형의 혹은 그러한 성향을 지닌 인식론들은 엄

---

84) Feldman(1985), 166~167쪽. Plantinga(1988), 24~30쪽.
85) Quine(1969) 참조.

밀히 말해 콰인 이후에 나타나기 시작했고, 그러한 자연주의적 인식론의 골격을 유지하면서 적절히 변형된 형태가 외재론이라고 생각한다. 골드만의 인식론도 이에 예외가 아님은 그의 초기 설명인 "S가 p를 믿는 것은 적절한 방식으로 p라는 사실에 의해 야기되는 오직 그 경우에 한한다."라는 주장을 통해 명시적으로 드러나고 있다. 그렇다면 이 또한 변형되고 확장된 자연주의 인식론의 한 유형으로 보아도 큰 무리는 없을 것이다. 또한 드레츠키(F. Dretske)도 지식에 대한 초기의 분석에서 참인 믿음을 지식이 되게 하는 관계를 법칙적 관계로 파악하고 있다.[86]

그러한 법칙적 관계란 '믿게 되는 이유'와 '믿게 된 것' 간에 성립하는 관계로서 다시 말해 자신이 믿는 데 대한 이유가 참인 믿음을 갖게 되는 것의 원인이 된다는 것이다. 드레츠키처럼 '이유를 갖는 일'을 원인으로 보게 되면 그의 인식론은 자연주의적인 이론이 될 것이다.

인식론의 자연화와 같은 외재론적 설명은 게티어의 반례에 대한 보다 즉각적인 해결책을 제시한다는 측면과 아울러 전통적인 인식론의 전형이라 할 수 있는 강한 의미의 토대론과 정합론에서 제기되는 문제에 대해 효과적으로 대처할 수 있다는 점에서 분명한 이점을 갖는다. 왜냐하면 외재론의 틀 내에서는 참인 믿음을 지식이 되도록 함에 있어 그 믿음의 정당화에 큰 비중을 둘 필요가 없기 때문에 믿음의 정당화라는 개념에 매달리거나 특권화된 자기-정당성을 갖는 믿음을 불필요하게 설정할 이유가

---

86) Dretske(1969), Lehrer(1990), 154~155쪽에서 재인용.

없기 때문이다. 외재론에서 한 믿음은 사실과의 법칙적 관계를 통해 지식을 확보하는 것으로 족하기 때문에 '정당화'라는 개념에 군이 집착할 이유가 없게 된다. 여기에서 참인 믿음을 지식으로 전환시키는 것은 그 믿음을 어떤 방식으로 정당화하느냐에 있는 것이 아니라 다만 그 믿음이 세계와 연관되는 방식에 있기 때문이다. 예를 들어, 내가 어떤 책을 본다는 사실이 내가 그 책을 보고 있다는 믿음의 원인이라고 했을 때, 내가 책을 보고 있다는 것을 아는 것은 그 책에 대한 믿음의 정당화에 있는 것이 아니라 책이 있다는 사실과 관계되는 방식에 있다. 외재론에서 지식이 되기 위해 요구되는 것은 이처럼 그 믿음이 어떻게 발생되는가 하는 것이지 그 믿음에 대해 어떻게 방어할 수 있는가[87]에 있는 것은 아니다. 예를 들어 경험으로부터 야기된 참인 믿음은 그것이 발생하는 방식으로 인해 지식이 된다. 이처럼 외재론적 분석에 따른 지식은 '한 믿음이 어떻게 정당화되는가'에 대한 답변에 있는 것이 아니라 '그 믿음이 어떻게 발생되었는가'에 대한 답변에 있기 때문에, 여기에서 '정당화 조건'이란 그 어떠한 개념상의 역할도 수행하고 있지 않음을 알 수 있다. 바로 이 점이 외재론의 주요한 본질을 잘 말해 주고 있는 것으로 보인다.

앞의 3장에서도 잠시 언급한 바와 같이, 골드만의 경우에 있어 정당화라는 규범-평가적 개념이 다만 그 명칭에 불과할 수도 있다고 의심을 받을 만한 대목이 있다. 골드만의 노력도 자연주의

---

87) 골드만은 이를 당면 시간 이론(theory of current time slice)으로 부르는데, 그에 의하면 한 믿음의 정당화 지위란 특정한 시점에서 그 인지자에 대한 참인 믿음과의 함수로 파악된다. Goldman(1979), 14쪽 참조.

에서 말하는 서술적 개념을 통해 인식적 개념을 정의하는 것이며 따라서 전통적인 의미에서 지식의 정의와 관련된 개념으로 이해될 수는 없다. 지식이 되기 위해 요구되는 관계가 인과 관계와 같은 법칙적 관계에 따른 것이라고 한다면, 외재론은 자연주의적 인식 이론과 마찬가지로 믿음과 그 참임을 연결시키는 어떤 과정이나 관계가 인지자의 의식적 접근과는 무관하게 사실에 입각한 관계가 되며 그러한 관계 덕분에 믿음이 지식이 된다는 입장으로 해석될 수 있다. 만일 그렇지 않을 경우 정당화라는 규범-평가적 개념이 경험 과학의 제약하에 놓인다는 입장을 선택할 수도 있을 것이다. 실제로 외재론자들은 대부분 정당화 개념에 대해 이러한 노선을 택하고 있는 것으로 보인다. 이를 위해 그들은 "수행가능성이 당위를 함축한다."는 명제를 내세우고 있는데, 이러한 명제를 뒷받침할 만한 설득력 있는 논변을 제시하려 노력하고 있다. 선험적인 규범-평가적 개념과 경험적인 개념은 독자적인 개념으로서 서로 호환될 수 있는 성질의 것이 아니라고 생각할 수 있다. 그러나 외재론자들은 호환 가능성을 내비치면서 당위를 내포하는 인식적 규범이 인지적 수행 능력에 의존한다는 것을 어떤 인식론도 경험 과학의 성과에 따른다는 것을 함축하는 것으로 보고 있다. 물론 모든 규범성은 인간의 수행 능력의 범위를 넘어설 수 없으며 인식적인 규범성도 인지적 수행 능력의 범위 내에 제한되어야 하는 것은 일견 타당해 보인다.[88]

---

88) Cherniak(1986), 93~94쪽. Goldman(1993), 1장. 이와 같은 입장은 다음의 주장에서 명시적으로 드러나고 있다. "인식적 규범이 당위적 판단을 포함하고 있는 한 인식론 내에서도 마찬가지의 논리적 관계가 나타난다. 인식적 규범은 일정한 방식으로 믿음을 구성해야 한다 또는 일정

그런데 문제는 인식적 규범이 정당한 것으로 받아들여지기 위해서는 그 규범이 인간의 인식 구조에 비추어 볼 때 따를 수 있어야 한다는 주장 역시 인식적 규범에 따른 것이 될 터인데, 이와 같은 가설 자체는 선험적 방법에 의해 주어진 것이다. 결국 두 견해를 종합한다면 인식적 규범이 경험적 방법을 통한 검증 절차를 거치게 되기도 하지만, 인식적 규범 자체는 근원적으로 선험적 방법에 의해 확보된다는 것이 될 것이다.

외재론처럼 믿음의 발생을 통한 지식의 확보에 초점을 맞춘다면 인간의 인식 체계는 더 이상 믿음에 대한 '접근' 혹은 '반성'의 결과로 그 참임을 확보하는 능력으로 이해될 수 없게 된다. 이 점은 지적 존재로서 혹은 인식 능력을 지닌 존재로서 인간을 이해하는 시각을 달리해야 한다는 것을 의미한다. 단지 참인 믿음을 형성해 줄 수 있는 능력을 지닌 인간으로서의 이해만이 요구될 뿐이다. 외재론자들이 보는 인간의 인식 능력은 외부 세계로부터 받아들인 정보를 적절하게 처리하는 능력에 불과하며, 마찬가지로 인간의 인식 체계도 믿음에 주체적으로 접근함으로써 비판적으로 고찰하는 체계이기보다는 믿음의 입력을 받아들여

한 방식으로 믿음을 구성하여서는 안 된다고 명령한다. 그러나 우리에게 주어진 인식적 구조의 한계 때문에 이러한 인식적 규범의 내용을 따를 수 없다면, 그러한 규범은 합당한 규범으로 성립할 수 없을 것이다. 이러한 논의로부터 다음과 같은 결론이 따른다. 즉, 인식적 규범의 내용을 해명하는 인식론의 작업이 인간의 인식적 구조와 그에 따른 인간의 인식 능력의 한계에 대한 경험 과학적 탐구로부터 전적으로 분리될 수 없다. 인식적 규범의 내용은 인간의 인식 능력의 한계 내에 제한되며, 따라서 인식 규범을 해명하는 인식론은 인간의 인식 능력을 사실적으로 탐구하는 자연 과학에 의해 제약된다." 김기현(1998), 제8장 참조.

형성하는 체계이다. 그렇다면 우리의 인식 체계는 믿음을 형성하는 장으로서 진리를 잘 담지해 내는 체계로 볼 수 있다. 인식 주관은 믿음을 형성함에 있어 정확하게 사실을 반영해 주도록 받아들이는 역할만 잘 수행하면 되는 것인데, 그처럼 인식 주관이 제 역할을 함으로써 얻어진 믿음은 곧 근거로부터 발생된 믿음이라는 의미에서 정당한 믿음이 되는 것이다. 어떤 인식 주관이 위와 같은 의미에서 인식적 역할을 잘 수행한다면 그에 있어서는 p가 사실이 아니라면 p를 믿는 행위가 일어나지 않을 것이다. 따라서 그와 같은 인식 주관에는 p가 참이라고 믿을 만한 타당한 이유를 갖는 등의 역할이 별도로 요구될 필요가 없다. 인지자와 관련하여 굳이 요구되는 것이 있다고 한다면, 그것은 사실을 반영해 주는 인지 체계가 정상적으로 작동될 수 있는 조건에 있어야 한다는 것이다. 따라서 'p가 거짓이라면, S는 p를 믿지 않을 것이다', 'S가 R이라는 근거에 의하여 p라고 믿을 때, p가 거짓이라면, S는 R을 갖지 않을 것이다' 등의 인지 체계의 정상적인 작동만이 문제가 될 따름이다.

  일반적으로 외재론은 자연주의적 배경을 근간으로 사실과의 인과적 혹은 법칙적 관계에 의해 지식의 여부가 결정되는 것으로 본다는 점에서 믿음의 정당화에 관한 설명이라기보다는 오히려 '참인 정보의 소유'에 관한 설명이라고 보는 편이 옳다. 그 경우 사실과의 적절한 관계에 따른 정보를 소유하는 것으로 지식의 요건은 충족될 것이다. 이러한 외재론적 설명 방식이 지식을 해명함에 있어 산뜻한 답변을 제공해 주는 측면도 있기는 하지만, 그 반면에 한계도 지니고 있음은 분명하다. 왜냐하면 외재론자들이 설정하고 있는 문제의 관계가 정보를 보고하는 데는 손색이 없지만, 만일 우리가 그 관계에 대해 파악할 길이 없다고 한다면, 우리는 결국 어떠한 지식도 가질 수 없을 것이라는 우려이다. 이 점을 레러는 '지식이 없는 정보'[89]라는 표현을 사용하여 비판하고 있다. 그의 주장이 담고 있는 핵심은 자신의 믿음이 신빙성 있는 믿음-형성 과정에 의해 산출되거나 인과적으로 연결되어 있다는 데 대해 그 어떠한 생각도 갖고 있지 못하다면, 바로 그 점에 대한 의식을 결여하고 있는데 무슨 수로 자신의 믿음이 참이라는 것을 알 수 있겠느냐는 것이다. 다시 말해 어떤 사람이 자신의 믿음과 그 참임을 연결시키는 외적 요인에 대해 아는 바가 없다면, 그 요인에 따른 자신의 믿음이 참이라는 것을 안다고 할 수는 없다. 이러한 관점에서 레러는 "외재론자가 제시하고 있는 그와 같은 특별한 관계가 지식으로 전환되기 위해서는 그러한 관계가 있다고 하는 추가적인 정보가 요구된다."고 말하고 있다.[90]

그러한 주장을 뒷받침하기 위해 레러는 암스트롱의 온도계 비유와 그가 제안하고 있는 온컴기(*tempucomp*)의 비유를 통해 외재론이 극복하기 어려운 난점을 설명하고 있다. 레러는 뇌수술을 통해 정확하게 '사고'와 '온도'를 일치시키는 첨단의 온컴기를 장착함으로써 온도에 관한 정보를 그대로 뇌에 전송할 수 있게 된 '진온도(*Truetemp*)'라는 사람을 가정하고 있다. 그러한 가정에 따라 진온도의 사고는 온도에 관한 참인 사고를 반영하고 있으며

---

89) Lehrer(1990), 162~164쪽.
90) 레러가 말하는 추가적인 정보란 일종의 완전한 정당화를 위해 요구되는 정보를 의미한다. Lehrer(1990), 310쪽.

따라서 그 과정은 신빙성 있는 믿음-형성 과정이 될 것이다. 그러나 레러에 따르면 진온도 자신은 온도에 관한 생각을 아무런 반성 없이 받아들이게 되는데, 그렇다고 해서 그가 예를 들어 지금 온도가 섭씨 30도라는 것을 안다고 말할 수는 없다고 주장하고 있다. 다시 말해 그가 현재 온도가 섭씨 30도라는 참인 정보를 입수한 것은 사실이지만, 그렇다고 해서 그의 정보가 지식이라고는 할 수 없다는 것이다.[91]

위의 논의를 바탕으로 레러는 지식이 되기 위해서는 참인 정보를 소유하는 것 이상의 것이 필요하며, 어떤 인과적, 법칙적, 개연적, 반사실적인 관계나 과정이 신뢰할 만하더라도 그러한 과정에 우리가 인식적으로 접근하지 않는 한 그 과정을 밟아 얻어진 정보가 아무리 참이라고 해도 그 정보가 지식이 될 수는 없다는 결론을 내리고 있다. 이에 덧붙여 레러는 '믿음'과 '수용(accept)'을 구별하면서 우리가 p라는 정보를 수용하고 이에 따라 p를 믿는다고 해도 p를 알지 못하는 경우가 있음을 지적하고 있다. 그 이유는 수용하여 믿고 있는 정보가 참인 정보라는 사실을 그가 파악하고 있지 못하는 경우가 있을 수 있기 때문인데, 다시 말해 레러는 어떤 정보를 수용하여 믿고 있다고 하더라도 그 정보가 참임을 파악하고 있지 못하다면, 그는 그 정보를 안다고 할 수 없다고 보는 것이다. 이런 이유에서 레러는 어떠한 외재론도 그 문제를 적절히 처리하지 못하고 있으며, 우리가 소유한 정보가 참이라는 것을 알기 위해서는 반드시 배경 정보가 요구된다고 역설한다.[92]

---

91) Lehrer(1990), 163~164쪽.

골드만은 그의 후기 설명에서 신빙성 있는 믿음-형성 과정에 의해 산출된 정당화된 믿음의 경우 이미 소유하고 있는 다른 근거에 의해 논박되어서는 안 된다고 주장하고 있다. 믿음이 다른 근거에 의해 논박되지 말아야 한다는 요구 조건은 그 믿음의 배경이 되는 정보와 서로 어긋나지 말아야 한다는 주장을 함축한다. 그렇지만 그에게서 정당화의 원천은 여전히 신빙성 있는 믿음-형성 과정, 말하자면 그 믿음의 역사에 비추어 참인 믿음을 산출하는 빈도수가 높다는 사실에 있다. 골드만은 암스트롱이나 노직, 드레츠키와 같이 정당화가 지식의 조건이라는 점을 거부하는 노선을 걷고 있지는 않다. 정당화라는 조건은 그대로 살리고 있으면서 규칙이라는 개념의 도입을 통해 그의 독특한 입장을 펼치고 있다는 사실이 그 점을 증명한다. 이러한 조치는 얼마간 그에 대한 반론을 의식한 면도 있지만, 그보다는 오히려 외재론적 기조를 유지함으로써 진리를 담지해 내는 것에 더 큰 비중을 두기 위한 불가피한 선택으로 보는 편이 옳을 것이다. 그러나 그것은 어찌되었든 골드만이 외재론 일반에 대해 제기되는 반론, 즉 자신이 믿음을 산출하는 과정의 신빙성에 대해 전혀 모르는 사람의 경우에 그 믿음을 논박하는 정보가 없다고 하더라도 자신이 믿는 것이 참이라는 것을 알지 못할 것이라는 반론에 여전히 걸려들 수밖에 없다. 그럼에도 불구하고 골드만은 그러한 반론에 대해 적절한 응수를 아직 하지 못하고 있는 것으로 보인다. 예를 들어 만일 고속도로를 주행하던 중 잠시 휴게소에 들렀는데, 마침 날씨가 너무 더워 벽에 걸려 있는 온도계를 보니 현재

92) Lehrer(1990), 164쪽 참조.

섭씨 30도를 가리키고 있었다고 하자. 온도계가 섭씨 30도를 가리키는 것은 그 현재 온도가 30도라는 믿음에 대한 신빙성 있는 지표가 될 것이다. 그렇다면 골드만의 말대로 단지 그 온도계를 읽는 것 자체로 현재 온도가 섭씨 30도라는 것을 안다고 할 수 있을까? 그 온도계의 신빙성에 대한 증거를 전혀 갖고 있지 못할 뿐만 아니라 그 주유소의 온도계가 때로는 부정확하다는 경쟁적인 주장을 물리칠 수 있는 입장도 아니기 때문에, 나는 다만 나에게 나타나 있는 것을 그대로 믿고 있을 따름이지 내가 안다고 말할 수는 없을 것이다.

신빙성 있는 믿음 형성 과정에 대한 인식적 접근의 필요성에 입각한 내재론자들의 비판에 대해 외재론자들은 다음과 같이 답변할 수 있을 것이다. 첫째는 내재론자와 외재론자는 지식의 본성에 대해 전혀 다른 입장을 지니고 있다는 사실을 인정해야 한다고 응수할 수 있다. 또한 외재론자들은 인식론의 목표인 진리에의 추구를 감안했을 때, 내재론과 외재론 가운데 어느 입장이 진리의 달성을 가능하게 할 것인가 하고 물을 수 있다. 이러한 외재론자들의 답변을 타당한 것으로 받아들인다는 것은 정당화론의 차별성을 인정하자는 것이 될 것이다. 그리고 그 차별성은 오로지 진리에의 추구라는 인식론의 목표와 연관시키고자 할 것이다. 내재론자들은 그럼에도 불구하고 우리에게 수용된 정보가 신빙성 있는 정보인지의 여부에 관한 정보가 요구되며, 그러한 정보를 결여하게 될 경우 지식을 갖지 못하게 될 것이라고 주장하게 될 터인데 이러한 내재론자의 비판을 극복하는 것이 외재론자들로서는 쉽지 않을 것으로 생각된다.

2. 외재론과 규범성의 문제

외재론은 일반적으로 인식적 판단(judgments)에서 규범성(normativity)을 배제한다는 점에서 내재론과 구분된다. 인식적 칭찬(praise)과 비난(blame)과 같은 평가는 평가의 대상이 되는 믿음이 인식론적으로 합리적인가 혹은 비합리적인가와 관련된 것인데, 실제로 믿음에 대해 어떠한 접근(access)도 갖지 않는 신빙성 여부를 가지고는 그 믿음이 합리적인지 비합리적인지의 여부를 가늠할 수 없다. 이것이 신빙론에 제기되는 주요 비판 가운데 하나이다.[93] 외재론의 기본적인 입장을 추종하는 골드만에게 있어서도 한 믿음의 정당성을 결정하는 것은 사실이다. 이 말은 그 어떠한 인식적 평가도 사실에 바탕을 두어야 한다는 것을 의미하는데, 한 믿음의 정당화가 사실에 바탕을 둔다는 것은 또한 그 사실에 따라 정당화 부여의 속성이 결정되어야 한다는 것을 의미한다. 이 경우 나의 믿음이 신빙성 없는 과정에 의해 산출되고, 내가 그것을 확인할 수 있는 그 어떠한 방식도 없을 때, 그 믿음을 갖는 데 대해 내가 비난을 받아야 하는가 하는 물음이 자연스럽게 제기될 것이다. 이 물음은 사실과의 연관성이 인식 정당화를 위한 인식적 규범성의 조건으로 제시될 수 있느냐에 관한 물음일 것이다. 이것을 다음과 같은 예를 통해 생각해 보자.

인식 체계가 동일한 두 사람 가운데 한 사람은 데카르트가 말하는 악마의 세계에, 그리고 다른 사람은 정상적인 세계에 거주한다고 해보자. 이 경우 그 위치를 일시에 뒤바꿔 놓는다고 해도

---

93) Fumerton(1988), 451쪽.

이들은 그 차이를 전혀 느끼지 못할 것이다. 이러한 상황에서 외재론자들은 악마의 세계에 거주하는 사람의 믿음은 정당성이 없다고 할 것이다. 왜냐하면 그 세계에서의 악마는 그가 실제로는 아무것도 지각하고 있지 않음에도 불구하고 그로 하여금 마치 지각하는 것처럼 만드는 거짓인 감각 자료를 제공하고 있으며 따라서 지각에 관한 그의 믿음들은 사실상 전부 오류이므로 그 믿음들을 산출하는 과정 역시 신빙성이 있는 것이 아니기 때문이다. 그러나 코헨은 이 경우 악마의 세계에 사는 사람도 그의 믿음을 갖는 일이 정당화된다고 주장한다. 왜냐하면 그는 그가 속임을 당하고 있는 일이 아니라는 것을 확인하기 위해 그가 할 수 있는 최선을 다해 그가 관찰한 것에 대해 주의를 기울여 면밀하게 검토해 보았는데도 아무런 오류도 찾아내지 못할 수 있기 때문이다. 우리는 오류를 피하기 위해 우리가 할 수 있는 최선을 다했다면, 우리가 믿는 일은 정당화된다고 해야 할 것이다.[94] 인식 정당화에 관한 코헨의 이러한 생각은 봉쥬르가 말하는 인식적 책임의 문제와 연관된 것으로 보이는데, 그는 정당성이 규범적 개념으로서 인지자가 그의 인식적 목적을 어떻게 잘 추구해 왔는지에 대한 평가라고 생각한다. 악마의 세계와 정상적인 세계에 속하는 두 사람의 믿음이 신빙성에 있어서는 차이가 있을지 몰라도 악마의 세계에 속한 사람이 정상 세계에 속하는 사람에 비해 인식적 책임을 소홀히 했다고 생각할 만한 이유가 없다.[95]

우리의 믿음이 비합리적이라는 이유로 비난받는 것은 자연스

---

94) Cohen(1983), 281쪽.
95) Lehrer & Cohen(1983), 192~193쪽 참조.

럽다. 비합리적이라는 이유로 비난하는 것은 규범적인 판단에 해당하며 사실적인 기술과는 구분된다. 내재론의 관점에서는 어떤 인식 주체를 비합리적이라고 비난할 여지가 분명히 있다. 왜냐하면 정당화 조건에 인식 주체가 접근할 수 있는 여지가 얼마든지 있으며 정당화를 확보하기 위해서는 그 조건에 접근할 것을 내재론은 요구하고 있기 때문이다. 그 조건에 접근하지 않은 채 어떤 믿음을 지녔다면 그에게는 불합리하다는 비난이 돌아갈 것인데, 그 말은 그가 그러한 믿음을 지님에 있어 정당화 조건에 접근했어야 한다는 것을 함축한다. 그러나 외재론에서도 이처럼 규범성을 허용할 여지가 있는가? 규범성과 관련하여 볼 때, 골드만의 경우 그가 설정하고 있는 '인식적 개념'의 분석은 문제를 안고 있는 것으로 보인다. 인식적 개념에 관한 그의 외재론적 분석은 인식적 비난의 본성에 관해 분명히 오류를 내포하고 있기 때문이다. 인식적으로 비합리적이라는 비판은 '인식적 평가'와 관련되기 때문에 사실과 관련해서는 결코 적용될 수 없음에도 불구하고 골드만은 그와 반대로 생각하고 있다. 골드만은 그의 전기 입장은 말할 것도 없고 후기에 제시하고 있는 인식 정당화에 관한 테제에서도 일종의 '규칙'과 같은 개념을 끌어들이고 있는데, 그의 규칙의 개념은 인식적 규범성에는 여전히 미치지 못한 것으로 보인다. 인식 정당화에 관한 그의 명제에 의하면 "t에서 p에 대한 S의 믿음이 올바른 정당화 규칙(J-rule) 체계에 의해서 허용되는 경우, 또 오직 그 경우에 한해 시점 t에서 S가 p를 믿는 것이 정당화된다."[96]는 것이다. 다시 말해, 한 믿음이 정당화된다

---

96) Goldman(1986), 59쪽.

는 것은 그 믿음이 올바른 규칙 체계에 의해 허용된다는 것을 의미한다. 골드만의 명제는 정당화를 올바른 정당화 규칙과 그 규칙에 의한 허용에 의해 정의하고 있다. 여기서 '허용'은 명백히 규범적인 개념이다. 그러나 골드만이 지향하는 신빙론의 본래의 취지는 정당화를 규범적인 개념이 아닌 오직 사실적인 개념에 의거해서만 정의하자는 것이었다. '허용'과 같은 규범적인 용어의 개입은 신빙론에서 인식 정당화의 출발점으로 삼았던 인식적 평가의 대상이 사실적이라는 점과 서로 양립하지 않는 것으로 생각된다.

이에 대해 골드만에게 있어 그의 과제는 정당화 규칙 체계의 타당성 기준을 모색하는 데 있으며, 올바른 정당화 규칙의 기준을 비규범적인 용어로 제시하기 위해서는 사실적인 용어로 그 기준을 서술해야 하며, 정당화 규칙이 규제적인 원리라기보다는 '한 믿음의 정당화 여부를 판단하는 이론적인 평가 도구'로 보아야 한다는 입장을 취하고 있다.[97] 그는 이에 관한 대표적인 기준을 몇 가지 제시하는데,[98] 이들은 그 기준의 역할을 적절히 수행해 낼 수 없다면서 자신의 입장을 윤리학 이론에서의 '결과주의'에 해당한다고 주장하고 있다. 윤리학적인 결과주의는 한 행위의 도덕적 정당성을 그 행위 결과와의 함수로 파악한다. 이와 마찬가지로 한 믿음의 인식 정당화 역시 인지 과정의 결과에 따른 것이어야 하

---

97) Goldman(1986), 63쪽.
98) '올바른 정당화 규칙들은 논리적으로 필연적인 진리에 의해 함축(entail) 되는 것이어야 한다는 기준', '정당화 규칙의 타당성을 결정하는 기준으로 사회 구성원의 합의' 등을 제시하고 있다. Goldman(1986), 63~69쪽 참조.

고, 그러한 과정에 따라 좋은 결론이 나오는 데 따르는 평가이다. 즉, 규칙 체계가 올바르냐의 여부는 바로 그 체계를 따를 경우 좋은 결과가 산출되느냐의 여부에 달려 있다는 것이다. 골드만은 좋은 결과를 산출하는 최종적인 후보로 '진리 지향적 결과주의'를 설정하고 있는데, 진리 지향적 결과란 참인 것을 받아들이고 거짓인 것을 받아들이지 않는 것이므로 정당화의 규칙이 올바른 규칙이 되기 위해서는 참인 비율을 높여야 한다는 주장으로 요약된다.99) 물론 참인 비율에 관한 세부적인 내용들을 제시하고 있지만, 그에 따른 규칙은 과정 허용(process permission)100)이라는 의미로 요약될 수 있다. 그러나 골드만이 제시하고 있는 이러한 규칙이 의무나 책임과 같은 규제적인 것과 아무런 관련이 없다고 보기는 어렵다. 그에 따르면 '규칙에 의해 허용된 과정'이라는 의미를 한 믿음의 정당화 여부를 판단하는 이론적 평가 도구로 이해해야 한다는 것인데, 이것을 사실적인 비규범적 개념으로만 이해할 수 있을 것으로 보이지 않는다. 이와 같은 골드만의 답변이 얼마든지 달리 해석될 소지가 있고 또한 그리 석연치 않은 구석이 여전히 남게 되는 것은, 그가 의미하고 있는 규범성의 범위가 너무 넓기 때문으로 보인다.

　골드만의 입장이 지니고 있는 모호한 측면은 아무리 사실적인

---

99) Goldman(1986), 98~103쪽.

100) 골드만은 과정 허용에 대해, "그 어떠한 기준도 그것이 허용하는 규칙들이 특정한 유형의 인지 과정들을 허용하는 규칙이지 않는 한 성립할 수 없다."라고 명시적으로 언급하고 있다. 이에 따른 정당화 규칙은 특정한 과정 유형들에 적용되는 규칙을 의미한다. 이 점은 일반성의 문제 또한 여전히 미해결로 남길 우려가 있다. Goldman(1986), 85쪽.

것의 도움에 힘입어 설정된 규범적 개념이라도 역시 규범적 개념임에 분명할 것이라는 점과 관련이 있다. 사실과 규범의 관계에 관한 문제와 각각이 수행하는 역할에 관한 문제는 엄연히 구별되어야 할 것이다. 또한 골드만에게 있어 '정당화'라고 하는 개념을 지식의 한 필요조건에 관한 한 명칭으로 사용한다고 할 경우, 서술적 혹은 자연주의적 의미를 반영하는 개념으로 사용하고 있는 것인가 아니면 규범-평가적 개념으로 받아들이고 있는 것인가 하는 의문을 제기할 수 있다. 전자의 경우라고 한다면, 단지 명칭으로만 사용된 '정당화'의 개념일 것이고, 그 경우 다른 적절한 개념으로 대치 가능할 것이다. 만일 후자의 개념으로 사용하는 것이라면 규범성을 인정하는 것이고, 이는 인식 주관의 개입과 무관한 방식으로 이해하기는 어렵다. 또 다른 측면에서 중도적인 개념으로 사용하고 있다는 인상이 짙게 깔려 있는 것으로 비쳐지기도 하는데, 이에 관한 골드만의 답변은 그리 분명해 보이지 않는다.

골드만의 정당화 규칙의 개념은 인식적 비합리성에 대한 평가를 가능하게 하는 요소를 포함하는 것까지도 적절하게 수용하는 결과를 빚게 된다. 그렇다면 골드만류의 외재론에서 비합리성에 대한 비판이 가능한 것은 '규범성의 기준'을 너무 확장해서 잡았기 때문인 것으로 생각될 수 있다. 물론 우리는 믿음에 대한 비합리성에 대해 비판하기도 하지만 정부의 잘못된 교육정책, 그릇된 이론, 너무 비싼 책값, 못 쓰게 된 가위 등에 대해서도 비판하게 된다. 하지만 잘못된 교육정책, 그릇된 이론, 책의 가격, 가위의 무뎌짐에 관한 판단이 규범적인 판단에 관한 것인가? 아마도 가위의 무더짐에 관한 판단은 일종의 가위의 선함에 관한 **규범** 적인 판단에 속한다고 말할 수도 있을 것이다. 왜냐하면 가위의 사용에 관한 한 그 목적의 달성과 관련하여 '무딤'이라고 하는 것은 가위를 쓸모없게 하는 속성으로 여기게 할 수도 있기 **때문** 이다. 그렇다면 신빙론에서 말하는 '규칙'이란 이와 같이 일종의 가위의 무더짐에 관한 판단으로서의 규범성과 같은 것을 말하는 것인가? 물론 이러한 식의 설명이 신빙론자들의 입장을 **대변하** 는 것이 될지는 모르지만, 그러나 실제 신빙론자들이 취하고 있 는 노선, 혹은 전략이 이와 같다고 보이지는 **않는다.**

내재론이건 외재론이건 비합리성이 비판되어야 한다는 점에 있어서는 일치하고 있다. 두 입장 모두 비합리성을 비판하는 것 이 당연하다고 생각될 수 있겠지만 반드시 그렇지는 않다. 그렇 게 생각되는 것은 인식적 용어에 대한 의무론적 분석에 따라 '가 치적 용어'를 사용하여 '인식적 개념'을 정의하는 것 자체를 당 연한 것으로 여기기 때문이다. 그러나 엄밀하게 말해서 인식적 용어에 대한 의무론적 분석이 적어도 내재론에는 적용될지 몰라 도 어떤 외재론의 형태를 띤 견해와는 양립한다고 볼 수 없다.[101] 즉, 두 입장이 비합리성에 대해 동일하게 비판하고 있기는 하지 만 사실상 그렇지 않을뿐더러 이 점에서 각각 이론적 특징이 보

---

101) 그렇다고 내재론적 견해에 따른 인식적 개념에 대한 의무론적 분석이 전적으로 옹호되는 것도 아니다. 그 이유는 누군가의 믿음에 대해 비 판하는 것이 그가 그러한 믿음을 갖는 데 대해 반드시 도덕적인 비난 가능성 자체를 의미하지는 않기 때문이다. 도덕적 책임과 인식적 책임 이 엄밀하게 말해서 구분된다는 차원에서는 인식적 개념에 대한 의무 론적 분석에 대한 비난이 도덕적 비난이 될 수는 없다.

다 뚜렷하게 드러난다. 그럼에도 불구하고 두 견해를 구분하지 않는다는 것은 신빙론에서 다음과 같이 말하고 있는 것으로 간주하는 셈이다. 만일 어떤 사람이 지금까지 해 온 것에 비추어 항시 그의 믿음이 비합리적인 결과만을 산출한다고 했을 때, 이에 따라 그는 그의 믿음에 대해 그것이 왜 비합리적인지에 관한 이유를 갖지 못하고, 더 나아가 그 믿음에 대한 인과적 관계가 있는지조차 의식하고 있지 못한다고 하더라도 여전히 그의 믿음은 인식적으로 비판받을 수 있다는 주장임에 다름 아니다.102) 그러한 식의 비판이라면 그가 어떤 믿음을 갖는다고 해도 비판받게 될 것이다. 하지만 그 사람의 경우 그가 갖는 어떤 믿음에 대해서도 비난받지 말아야 한다고 생각해야 할 것이다. 왜냐하면 비록 비합리적인 믿음이 산출되기는 했지만, 그것은 그가 할 수 있는 최상의 노력의 결과였으며 그가 가진 모든 잠재적 능력으로 할 수 있는 한 최선을 다한 결과일 수 있기 때문이다. 다시 말해 우리는 비합리적인 사람이 주장하는 믿음에 대해 윤리적으로 비난해서도 안 되고 또한 비난하지도 않는다. 그러나 외재론에 의하면 우리는 그러한 믿음을 비합리적이라고 비난해야 한다. 비난의 본성의 비추어 볼 때 외재론에서 말하는 비합리성에 대한 비판이란 규범적인 것과는 그 성격을 달리하는 것으로 보인다. 다

---

102) 이 말은 다음의 주장을 포함한다. 치즘에 따르면, "비록 당신이 갖고 있는 증거(evidence)가 아마도 당신이 곧 죽게 된다는 것에 관한 것이라 할지라도, 당신의 건강이 회복될 것이라는 믿음에 대한 의무를 갖게 된다. 물론 그것이 당신의 건강 회복에 도움이 될 수도 있다."와 같은 전형적인 의무론적 분석에서의 '의무들 간에 상호 충돌하는(conflicting duties)' 경우 이와 같은 반론(objections)을 면한다고 할지라도 역시 외재론에서는 동일한 답변만으로 일관할 것이다.

시 말해 외재론자가 특정한 조건하에 비합리적인 믿음이라고 그
들의 특정한 논변을 통해 비판하고 있기는 하지만 이에 대한 그
럴듯한 이해를 갖고 있는 것으로 보이지 않는다.

3. 합리성의 문제와 외재론적 대응

  외재론에 가해지는 가장 중요한 반론 가운데 하나는 신빙성
있는 믿음의 조건을 만족시키고 있음에도 불구하고 인식적으로
정당화되었다고 보기 어려운 경우가 있을 수 있다는 것이다. 이
문제는 외재론이 갖는 가장 큰 취약점이자 그 성립 가능성조차
의심스럽게 만드는 것으로 '합리성(rationality)'의 문제와 직접적
으로 연관되어 있다. 합리성과 관련하여 제기되는 물음은 한 믿
음이 정당화된다고 했을 때 정당화의 조건을 어느 정도 고려하
고 있으며, 과연 외재론에서 내세우는 조건에 따라 그 정당화가
가능한가 하는 것이다.[103] 간단히 말해 이 물음은 외재론적인 인
식 정당화의 개념도 과연 합리성을 포함하고 있는가 하는 것이
다. 앞에서 [예 2]의 경우, 영수의 믿음이 골드만이 제시하고 있는
신빙성의 조건을 전적으로 만족시키고 있음에도 불구하고 지식
이 되지 못하는 이유는 그가 그 믿음을 받아들이는 데 대한 합리
적인 이유 혹은 합당한 근거를 영수 자신이 소유하고 있지 못하
기 때문이라고 지적한 바 있다. 이러한 지적은 영수가 그 믿음을

---

[103] 많은 내재론자들이 이와 같은 반론을 제기하고 있지만, 여기에서는 특
   히 봉쥬르와 폴리의 입장에 따랐다. Bonjour(1985), Foley(1985) 참조.

받아들임에 있어 반드시 충족되어야 할 부분이 있다는 점을 시사하는 것이다. 따라서 외재론의 틀 내에서 그 해결책을 찾기 위해서는 추가적인 조건을 덧붙이는 전략을 취할 수도 있겠지만, 이는 자칫 외재론적 기조를 흔들어버릴 우려가 있기 때문에 신중을 기할 수밖에 없다. 이에 반해서 내재론에서는 별 어려움 없이 그 답변이 가능하다.

내재론에 의하면 한 믿음이 정당화되기 위해서는 그 믿음이 인식 주관의 관점에서 볼 때 합리적이어야 한다. 그런데 여기서 인식적 합리성이 확보 가능하다는 것은 내재론의 경우 인식 주관의 관점에 따르기 때문인데, 외재론에서는 한 믿음이 형성되는 과정에 주목하기 때문에 이와 같은 합리성의 확보가 어렵다는 점이다. 외재론에 가해지는 이러한 비판에 대처하기 위하여 외재론자들은 우선 인식 정당화에 필수적인 '인식 주관의 합리성'이라는 것이 무엇을 의미하는지에 관해 물을 것이다. 따라서 그 개념을 해명하기 위해 다음의 예를 통해 인식적 합리성의 조건을 검토해 보기로 하자.

[예 3]
명희는 졸업 시험에 통과될 경우 바로 졸업하게 되어 있으며 그 사실을 그녀는 알고 있다. 명희는 그와 함께 자신이 시험에 통과하게 될 것이라는 증거도 갖고 있다. 그녀는 열심히 공부해 왔고, 그 시험에 관련된 거의 모든 내용을 이해하고 있고, 게다가 시험에 관한 모든 정보 또한 확보하고 있기 때문에, 시험에 통과하게 될 것이고, 따라서 졸업하게 된다는 것을 스스로 인정하고 있다. 그러나 여기에는 다음과 같은 좀더 복잡한 상황이 개재되어 있다. 즉 심사위원들은 명희에게 겸손을 가르치기 위

하여, 그녀가 졸업하게 될 것이라는 것을 믿게 될 경우
시험을 보다 어렵게 변경시킴으로써 명희가 그 시험에
통과하지 못하게 만들려 하고 있다. 게다가 명희는 이 모
든 사실을 '신빙성 있는 방식을 통해 알고 있다.' 이 경우
명희는 딜레마에 직면하게 될 것이다. 즉 명희는 "졸업시
험에 통과하게 될 것이다(P)"라는 명제와 "시험은 변경될
것이고, 결국 통과하지 못하게 될 것이다(Q)"라는 명제 가
운데 어느 것도 받아들일 수 없게 된다.104)

위의 예에서 명희의 증거에 문제가 있는 것은 아니라는데 유의
해야 한다. 전제에 따라 명희가 졸업하게 될 것임을 뒷받침하는
증거는 전적으로 타당하며, 명희 자신도 이를 분명하게 의식하고
있다. 여기서 명희가 P가 참이라고 믿을 만한 근거는 있지만 정
작 그 명제를 믿어야 하는지에 관한 한 문제가 있다는 것이다.
명희가 졸업하게 될 것이라는 명제 P를 그녀 자신이 믿고 있는
것에는 아무 문제도 없지만, 그러나 그러한 그녀의 믿음은 심사
위원으로 하여금 시험을 변경하도록 할 것이고 따라서 그녀는 졸
업시험에 통과하지 못할 것이라는 신빙성 있는 그녀의 또 다른
믿음인 Q에 입각할 때 믿음 P가 소멸될 것이라는데 문제의 심각
성이 있다. 여기에서 제기될 수 있는 물음은 명희의 목적이 인식
적인 것인 한에 있어서 명희가 졸업하게 될 것이라는 명제에 대
해 어떤 인식적 태도를 지니는 것이 합리적인가? 명희가 그 명제
를 믿는 것과 믿지 않는 것, 혹은 유보하는 것 가운데 어떠한 것
이 합리적인가? 하는 것이다.

[예 3]에 관해 내재론적 틀 내에서 이해할 경우, 우선 명희의

---

104) 폴리의 예를 다소 수정한 것이다. Foley(1991) 참조.

결론에 대한 믿음은 명희의 인식적 책임(epistemic responsibility)을 통해 확보된 믿음이기 때문에 인식적으로 정당화된 것으로 볼 수 있다. 명희는 가능한 상황들을 인식적 관점에 따라 파악하고, 그의 인식적 목표에 비추어 결과적으로 믿음을 받아들였기 때문에, 그는 인식적 책임을 다한 결과에 따른 것이므로 정당화되었다고 말할 수 있다. 한 믿음이 인식 정당화되기 위해서는 인식 주체가 그 믿음을 정당화하기 위해 할 수 있는 모든 책임을 다해야 하기 때문에, 그러한 인식적 책임을 다한 결과에 따른 믿음은 마땅히 정당화될 것이고, 따라서 인식적 합리성의 조건을 만족시킨 것이라고 볼 수 있다. 따라서 내재론적 틀 내에서 인식 정당화를 위해 요구되는 합리성의 조건인 '인식적 책임 조건'은 [예 3]에서 명희의 경우에도 역시 충족될 수 있다.105) 이에 반해서 외재론적 입장에 따를 경우 어떠한 답변이 가능할까?

신빙론에서는 신빙성 있는 믿음-형성 과정에 따라 산출된 믿음만이 인식적으로 정당화되며 반대로 그와 같은 과정에 따르지 않는 방식으로 산출된 믿음은 정당화되지 않는다. 물론 정당화는 인식 주체의 접근과는 무관한 방식으로 이루어진다.106) 그런데 [예 3]에서 명희의 믿음은 신빙성 있는 과정에 따라 산출된 것이 아니며 따라서 인식적으로 정당화되었다고 할 수 없다. 그런데 신빙론에서 명희의 믿음이 비합리적이라고 비판할 경우 그 근거는 무엇인가? 명희의 믿음이 신빙성이 없는 과정을 통해 산출되었다는 것인가 혹은 앞에서도 언급한 바와 같이 명희의 믿음이

---

105) Bonjour(1985), 48~49쪽.
106) Goldman(1988) 참조.

사실과의 인과적 관계를 갖지 않기 때문에 신빙성이 없다는 것인가?

골드만에 있어 한 믿음의 정당화가 신빙성 있는 믿음-산출 과정에 따르는 것이라고 할 때, 그러한 과정에 방해가 되는 요인이 있다면 그 신빙성을 유지할 수 없을 것이고, 결국 정당화된 믿음의 산출은 불가능하게 될 것이다. 이것은 인지자가 신빙성 있는 믿음-산출 과정에 따라 얻어지는 믿음과 충돌하는 어떤 믿음도 소유해서는 안 된다는 것을 의미한다. 그렇게 되면 정당화된 믿음의 확보는 가능할 것이고, 비합리성의 비판이 가능하다는 그의 인식적 이상은 실현될 수 있을 것이다. 그러나 이와 같은 그의 이상이 과연 실현될 수 있을까? [예 3]에서 그의 방식에 따라 명희의 믿음에 대한 신빙성을 보장하기 위해서는 신빙성을 저해하는 요인이 되는 Q를 적절히 처리해야 하는데 골드만이 내세우는 개념적 장치를 통해서는 Q를 적절히 처리하기가 어려울 것으로 보인다. 골드만은 “Strong and Weak Justification”라는 논문에서 이에 관한 답변을 시도하고 있는데, 그는 우선 정당화를 강한 정당화와 약한 정당화로 구분한 다음 전자의 조건을 ‘방해적 요소의 부재 조건(no undermining factor)’, 후자의 조건을 ‘비난의 부재(blameless) 조건’으로 내세우고 있다. ‘방해적 요소가 없어야 된다’는 조건은 인식 주체가 문제의 믿음과 비일관적인 믿음들을 가지고 있지 말아야 한다는 것을 요구한다. 다시 말해 한 믿음을 신빙성 있는 믿음 형성 과정에 따라 정당화한다고 했을 때, 이에 부합하지 않는 방식으로 산출된 믿음을 인식 주체가 갖지 않아야 한다는 것이다. 그러나 이와 같은 골드만의 제안은 당장 [예

3]을 설명하지 못한다. 명희의 믿음에 방해적 요소가 있기 때문에 정당화된 믿음이라고 볼 수 없기 때문이다. 후자의 조건은 그의 말대로 약하게 정당화(weak justification)될 수 있는 가능성을 열어 놓고 있지만, 이 또한 사정이 더 나을 것도 없다. 약하게 정당화된 믿음이란 불분명한 요소가 있기는 하지만 강한 의미와 구분해서 '비난의 부재'와 같은 믿음을 의미하는 것으로 보인다. 여하튼 약하게 정당화되기 위해서라도 문제의 믿음이 신빙성이 없는 믿음 형성 과정에 의해 산출되어야만 한다. 그러나 [예 3]에서 명희의 믿음은 신빙성 있는 믿음 형성 과정을 통해 산출되었다. 그렇다면 약하게 정당화된 믿음이라고 볼 수도 없다. 따라서 골드만의 제안은 인식 내재론적 책임의 조건을 충족시켜 주고 있지 못하는 것으로 보인다.107)

  골드만도 위와 같은 반론을 분명히 의식하고 있는 것으로 보인다. 앞에서도 언급한 바와 같이 그는 그러한 반론을 극복하기 위해 다양한 논의를 통해 그 해결책을 모색하고 있지만, 그가 근간으로 삼고 있는 외재론의 기조를 결코 버릴 수 없기 때문에 [예 3]의 문제를 해결하지 못하고 있다. 어떠한 방식으로든 그가 자신에게 유리한 이론적 입지를 확보할 수 있을지 몰라도 외재론의 기본적인 전략을 유지하는 한 위의 예에 대한 적절한 답변을 제시하기는 어려울 것으로 보인다. 물론, 이에 대한 해결의 실마리를 찾기 위해 그 시선을 달리 돌림으로써 그 차선책을 모색할 수도 있다. 그 차선책을 모색하고자 하는 논의는 외재론적

---

107) Goldman(1988), 128~133쪽.

틀 내에서 이루어지지 않기 때문에 부분적으로 내재론적 개념의
도입을 통해 찾고 있는 것으로 보인다. 예를 들어 2장의 [예 2]에
대한 해결책은 영수가 그 믿음을 받아들일 만한 합리적인 이유
를 영수 자신이 소유하지 않는 한 그 해결책이 나오지 않는다.
물론 외재론에서는 정당화 조건에 대한 접근의 요구는 여전히
상위 믿음을 요구하게 되어 회의론적 귀결로 빠지게 됨을 끊임
없이 주장하면서도 한 믿음에 대한 약한 접근을 부분적으로 받
아들이는 경우도 있음을 알 수 있다. 만약 이와 같이 부분적으로
나마 내재론적 입장을 받아들인다면, 이는 전적으로 외재론의 본
질적인 입장을 유지하는 해결책이라고 말하기 어렵다.

  '인식적 합리성'과 관련하여 외재론이 해결해야 할 또 다른 과
제는 외재론적 정당화와 관련하여 외재론에 제기된 중요한 반론
가운데 하나로 레러에 의해 지적된 인과적 오류(causal fallacy)의
문제이다.108) 외재론에서 한 믿음을 정당화된 믿음이 되도록 전
환시키는 것이 바로 그 믿음을 발생시킨 원인이라고 말하고 있는
데, 이러한 생각은 어떤 것을 믿는 데 대한 이유(reason)와 그것을
믿는 원인(cause)을 혼동하는 오류를 범하고 있다는 것이다. 예를
들어, 어떤 사람의 믿음에 대한 정당화가 증거에 기초해 있다고
했을 때 그가 믿게 되는 것은 다름 아닌 증거 때문일 것이다. 외
재론에서 한 믿음의 정당화가 그 증거에 토대를 둔다는 것은 그
증거에 인과적으로 따른다는 것을 함축한다. 이 말은 어떤 사람
의 믿음이 어떤 특정한 방식으로 증거와 인과적으로 관련되어 있
는 오직 그 경우에 한해 그 믿음에 대한 정당화가 그 증거에 기

---

108) Lehrer(1990), 168~172쪽.

초한 것이 된다. 외재적 정당화가 기초하고 있는 증거가 실제로 그 믿음과의 인과적 관계에 의해 분석되고, 따라서 그 믿음이 증거에 의해 인과적으로 설명되는 방식을 통해 그 믿음은 정당화될 것이다. 그렇지만 정당화된 믿음이 그 믿음을 정당화하는 증거와 인과적으로 무관할 경우 문제가 생기게 된다. 게다가 어떤 사람의 믿음에 대한 정당화가 그 증거에 기반하고 있음에도 불구하고, 그가 왜 그 믿음을 갖는지를 그 증거가 전혀 설명하지 못하는 경우가 있을 수 있다.

믿음의 정당화를 위하여 한 믿음과 증거 사이에 아무런 인과 관계도 있을 필요가 없다는 것을 보여주기만 하면 외재론적 전략을 좌초시킬 수 있다는 점에서 이 문제는 외재론에 심각한 문제를 제기한다. 한 믿음을 갖는 데 대한 이유가 그 믿음을 발생시키는 원인이 된다고 할지라도, 바로 그 믿음을 정당화하는 이유가 되는 것과는 별도로 또 다른 원인으로부터 그 믿음이 생길 수도 있을 것이다. 반대로 믿음을 발생시킨 원인과는 별도로 그 믿음을 정당화하는 이유들을 갖게 될 수 있다면, 그 이유들은 믿음에 인과적으로 아무런 영향을 미치지 않으면서 그 믿음을 정당화시키게 된다. 이 점을 레러가 제시하고 있는 예를 통해 살펴보기로 하자.[109]

> 라코라는 사람은 인종에 대한 편견을 가지고 있어서, 자신이 속한 인종의 성원은 그렇지 않은데 어떤 A라는 인종은 어떤 질병에 감염되기 쉽다는 믿음을 갖고 있다고 하자. 그는 일반적으로 받아들이고 있는 정보들을 토

---

109) Lehrer(1990), 169~170쪽.

대로 A 인종에 관한 믿음을 더 확신하게 되었다. 그러나 아주 특별한 계기를 통해 A 인종이 아닌 B라는 인종이 그러한 질병에 감염되는 경우가 많다고 굳게 믿게 되었는데, 그러한 편향된 믿음이 이제는 어떠한 경우에도 결코 흔들리지 않는 확신으로 자리잡게 되었다고 하자. 이제 라코가 의사가 되어 문제의 그 질병에 관해 과학적인 연구에 종사하게 되었다. 그는 그 질병에 관해 알려진 모든 것에 관해 연구한 결과 그의 확신을 뒷받침해 줄 수 있는 아주 결정적인 증거를 발견했다. 라코가 입수한 과학적인 증거는 오직 B 인종에 속한 사람들만이 그 질병에 감염된다는 것을 보여준다. 더군다나 라코가 과학적 증거의 규준들을 완벽하게 이해할 수 있는 의학 전문가가 되지만, 유감스럽게도 그가 가진 편견은 좀처럼 흔들리지 않는 그러한 상황 또한 상상해 볼 수 있다. 그럼에도 불구하고 라코는 어떠한 의학 전문가들과 마찬가지로 그 증거를 이해하고 평가하며, 그 결과 그의 믿음을 정당화하는 이유를 갖게 된다. 그는 자신의 확신이 과학적 증거에 의해 확증된다는 것을 발견하였다. 그러한 발견에 따라 그는 결국 B 종족의 성원들만이 그 문제의 질병에 감염된다는 것을 알게 된다.

라코는 주어진 증거에서 B라는 인종만이 그 질병에 감염된다는 믿음에 이르는 타당한 논증을 하였으며, 이 논증에 의거하여 그 증거가 B라는 인종만이 그 질병에 감염된다는 것을 믿게 되는 타당한 근거라는 것까지도 의식하고 있다. 그렇다면, B라는 인종만이 그 질병에 감염된다는 믿음이 라코에게 정당화될 것이고 이를 부정할 길은 없다. 하지만 그 믿음을 정당화시키는 증거만이 바로 그 믿음의 원인이라고 할 수는 없을 것이다. 그 믿음에 대한 또 다른 혹은 본래의 원인이 되는 특정한 계기를 통한 B 인종에 대한 편견 내지는 확신이 그에게 없었더라면, 라코는

증거와 믿음 사이의 타당한 논증을 찾지 못했을 것이고, 그렇다
면 증거가 라코로 하여금 그 믿음을 형성하게 하지는 못했을 것
이다. 이 예가 보여주는 것은 라코의 믿음을 정당화하는 이유들
은 결코 그 믿음을 인과적으로 설명하지 못할 뿐만 아니라 증거
와 믿음 사이의 인과 관계가 외재론에서 말하는 정당화의 필요
조건일 수 없다는 것이다. 한 믿음이 그 증거로부터 산출되거나
인과적으로 유지되어야 한다는 골드만 등의 외재론자들의 줄기
찬 주장에 비추어 볼 때 이러한 경우를 어떻게 설명할 수 있을
것인가?

이에 대해 외재론자들은 라코의 믿음의 증거와 믿음 사이에
모종의 인과적 관계가 있는 것으로 재해석될 수 있다고 말함으로
써 위의 반론에 응수할지 모른다.[110] 즉, 앞의 예에서 라코의 믿
음에 본래 원인이 되는 특정한 계기를 통한 그의 편견에 따른 확
신이 없었더라면 라코는 증거로부터 특정한 인종에게만 그 질병
에 걸린다는 논증을 하지 않았을 것이라는 것이다. 그러나 이러
한 답변이 일견 타당성을 갖는 것 같지만 문제는 그리 간단치 않
다. 라코의 경우 증거가 어떤 특정한 인종만이 그 질병에 걸린다
는 믿음의 반사실적(counterfactual) 원인인가를 확인하기 위해서는
그 믿음의 본래 원인만이 존재하지 않는다고 가정한 후에 증거가
위 믿음의 원인이 될 것인가를 물어야 할 것이다. 이 경우 라코

---

110) Swain(1981), 91쪽. 여기서의 스웨인의 논변은 레러가 1971년에 쓴 논
　　문 "How Reasons Give Us Knowledge, Or the Case of the Gypsy
　　Lawyer"에 대한 답변이다. 스웨인의 논변을 그대로 제시한 것은
　　Lehrer(1990)에서도 수정된 똑같은 예를 제시하였고, 이후에도 이에 관
　　한 답변을 찾지 못했기 때문이다.

는 증거에 의존하여 문제가 되는 인종만이 그 질병에 감염된다는 믿음에 이르는 논증을 했다는 점은 고수해야 한다. 물론 이 경우에도 증거가 위 논증 덕분에 라코로 하여금 문제가 되는 인종에게만 특정한 질병에 감염된다는 것을 믿게끔 인과적인 영향을 미쳤을 것이라고 말할 수도 있을 것이다. 즉, 그 믿음이 증거에 의해 유지된다고 말하는 것은 라코가 자신이 믿는 것을 편견 때문에 믿는 것은 아니더라도 그 증거의 인과적인 결과로 계속 믿었을 것이라고 할 수도 있을 것이다.

　그러나 이런 식의 답변은 위의 반론에 대해 아무런 영향도 미치지 못한다. 이러한 주장은 라코에게 작용하고 있는 편견을 대수롭지 않게 여기고 있다는 점에 문제가 있다. 라코는 특정한 인종에 대한 강한 부정적인 감정을 갖고 있으며, 이 때문에 B 인종이 문제의 질병에 감염된다고 믿은 것이다. 더욱이 B 인종이 특정한 질병에 감염된다는 결론에 도달하기 위한 라코의 논증은 아주 복잡하다. 따라서 특정한 인종이 그 질병에 감염된다는 결론을 뒷받침하는 근거가 이 논증뿐이라면, 라코는 자신의 감정적인 편견에 휩싸여 그 인종이 특정한 질병에 감염된다고 믿지 않았을 것이다. 그는 오히려 자신의 논증의 타당성을 의심하였을 것이다. 라코는 인종에 대한 편견이 있었기에 특정한 인종이 질병에 감염된다는 사실을 믿을 수 있었다.

　문제는 비록 다른 요인들이 그 믿음에 대한 영향력을 상실한 상태에서 증거가 그 믿음에 영향을 주었다 하더라도, 실제로 그러한 영향이 정당화와는 우연적인 관계만을 지닐 것이다. 만일 어떤 사람이 그가 알고 있는 어떤 것으로부터 특정한 결론을 타당하게 연역했다면, 그것은 그로 하여금 그 결론을 믿도록 하는 원인이 되거나 그 결론에 대한 그의 믿음에 영향을 줄 수는 있다. 하지만 그 추리의 타당성은 인과적 관계에 따른 것이 아니다. 만일 어떤 사람이 그가 알고 있는 것을 기초로 하여 어떤 결론을 정당화한다면 그 일은 그로 하여금 그 결론을 믿도록 하는 원인이 되거나 그 결론에 대한 그의 믿음에 영향은 줄 수 있다. 하지만 그의 결론에 대한 정당화는 그러한 인과적 영향 관계에 의존하지 않는다.

지금까지 한 믿음과 증거와의 인과적 관계가 인식 정당화에 아무런 영향도 미치지 않을 수도 있음을 보았다. 또한 그러한 논의를 통해 한 믿음의 정당화가 외재론적 틀 내에서 그 해결의 실마리를 제공해 주지 못할 수 있음도 보았다. 물론 앞에서 제시한 것과 유사한 종류의 반례가 동일한 차원에서 다양하게 구성될 수 있을 것이다. 이러한 반례들로부터 우리는 인식 정당화를 위해 요구되는 하나의 중요한 결론을 이끌어 낼 수 있는데, 그것은 한 믿음과 증거와의 관계에서 인과적 영향만이 인식 정당화에 기여할 수 있다는 외재론의 주장이 그리 설득력이 없다는 것이다. 증거에 따른 한 믿음의 정당화를 위해서는 오히려 그 증거에 대한 인식 주관의 내성적 파악이라는 내재론적 해결 방식이 그 설득력을 발휘할 수 있다고 본다.

4. 인식적 합리성과 남은 문제들

내재론자들이 외재론를 불신하는 보다 근본적인 이유를 이제 명시적으로 드러낼 필요가 있는데, 이는 곧 외재론뿐만 아니라 내재론의 진정한 이해를 위해서도 요구되는 일이다. 내재론과 외재론이 상호 어떻게 대립되는지에 관한 논의는 그 자체로도 의의가 있기는 하지만 인식 주관에 따른 참의 극대화와 거짓의 극소화라는 인식 정당화론이 실현하고자 하는 목표를 달성하기 위해서도 두 입장 간의 보다 근본적인 대립의 출처를 밝힐 필요가 있다. 이처럼 두 입장 간의 대립을 통해 외재론을 거부할 수밖에 없는 이유를 이후의 논의에서 분명하게 드러내고자 한다. 이러한 작업을 위해 몇 가지 이론적 배경이 요구된다.

일반적으로 철학에서 새로운 이론은 독립적인 배경하에 이루어지는 경우가 많지 않다. 새로운 견해라고 하는 것은 대부분 고전적인 철학적 견해에 새로운 상표를 붙여 재포장하는 방식으로 등장하기 마련이다. 앞의 논의에서도 지적한 바와 같이 외재론의 현주소 또한 이에서 예외가 아니다. 외재론은 가장 가깝게는 콰인으로 거슬러 올라갈 수 있을 것이고, 멀리는 러셀(B. Russell)의 견해에 닿아 있음을 확인할 수 있다. 이처럼 현재 논의되고 있는 외재론은 그 형성 배경에 있어 독립적이지 않으며, 오히려 이전의 견해에 대한 재해석쯤으로 볼 수 있거나 혹은 그 견해의 명칭만 바꾸어 달고 있다고 볼 여지가 얼마든지 있다. 그렇게 본다면 외재론의 형성 배경은 콰인에 의해 재포장된 '자연화된 인식론'보다 훨씬 위로 거슬러 올라가는 셈이다. 보다 분명하게는 인식적 개연성에 대한 타당한 분석과 관련된 해묵은 논쟁에서 그 출처를 확인할 수 있다. 철학의 문제들에서 러셀은 분명히 인식적 개연성을 독자적인 개념으로 받아들이는 동시에111) 인식적 개연성을 개연성에 대한 빈도 개념으로 환원시킴으로써 그 개념에 정당성을 부여하고 있다. 그러나 우리 논의의 목적상 러셀이 심혈을 기울였던 빈도의 문제를 비롯한 세부적인 문제는 여기에서 다룰 필요가 없을 것 같다. 그렇지만 러셀의 시도를 상기해 볼 때 그의 인식적 개연성에 관한 빈도 분석과 신빙론과 같은 외재론적 인식론의 핵심적인 주장 간에는 공통점이 있고, 더 나아가

---

111) 러셀은 인식적 개연성을 귀납의 원리를 통해 설명하고 있는데, 그에 의하면 우리의 앎은 감각자료와 우리 자신의 자아를 직접 대면하여 형성되며, 또한 이러한 것들만이 실재를 인식할 수 있다. 또한 기억을 통하여 과거의 감각 자료는 과거에 실재함을 인식하게 하고, 이러한 인식이 우리에게 인식 자료를 제공한다. 하지만 우리가 이러한 인식 자료들로부터 추리할 수 있다면, 그러한 추리가 나올 수 있는 방식이 되는 어떤 일반적인 원리를 알아야 한다고 주장한다. 즉 어떤 사물 A 의 실재는 어떤 다른 종류의 사물 B가 실재한다는 지표로 우리에게 인식되어야 한다는 것이다. 천둥은 번개의 실재에 대한 지표이듯이 만약 이러한 사실이 우리에게 인식되지 않는다면 우리는 사밀성(pravicy) 이라는 경험의 범위를 넘어서서 우리의 지식을 확장할 수 없다는 것 이다. 이에 따른 후보로 법칙이 요청되고, 법칙적 성질은 예측을 가능하게 해 주는데, 그러한 예측은 오직 개연적일 따름이다. 게다가 이러한 예측의 근거 내지 그 타당성은 귀납에 의해 얻어지는 결과들의 총체나 우리의 모든 일상적인 실제적 믿음에 의해 결정되고, 확실성에 도달하는 것은 결국 불가능하기 때문에, 궁극적으로 오류가 있을 수 있고, 따라서 개연성만이 진리의 함수라는 입장이다. 러셀은 결국 '개연성'에 관해 다음과 같이 말하고 있다. "우리의 모든 행위는 과거에 발생했고, 앞으로도 계속 작용하게 될 것처럼 여기는 연관 관계에 기초하고 있다. 그리고 이러한 유추는 귀납의 원리에 근거해야만 타당해진다. 법칙의 지배를 받는 믿음, 모든 사건은 원인이 있다는 믿음과 같은 법칙적 원리들은 일상적인 믿음과 같이 귀납의 원리에 전적으로 의존한다." Russell(1912), 제6장 참조.

직접적인 연관성마저 갖고 있다고도 볼 수 있을 것 같다. 그 연
관성은 바로 '인식적 개념을 법칙적 개념으로 이해'하고자 하는
태도에서 찾아볼 수 있다. 인식적 외재론자나 자연주의자들의 기
본적인 발상은 규제적인 원리라고 할 수 있는 규범성으로부터 탈
피하여 그들의 근본적인 개념을 정의하자는 것이다. 이것은 근본
적인 인식적 개념을 다른 비인식적 개념으로 분석하고자 하는 태
도에서 잘 드러난다. 골드만이 표방하는 엄격한 의미의 신빙론도
정당화된 믿음을 개연성에 대한 빈도나 경향성의 개념으로 설명
하고 있으며,112) 노직(R. Nozick) 또한 인식론적 개념을 사실

___

112) 빈도(frequency)와 성향(propensity)의 개념은 논란의 여지가 있다. 골드
만의 과정 신빙론에 따르면, 신빙성 있는 믿음-형성 과정이란, 거짓 믿
음보다는 참인 믿음을 더 많이 산출하는 믿음-형성 과정을 말한다. 그
런데 이를 적절하게 이해할 수 있는 방법이 없다는 Feldman &
Conee(1985), Foley(1985) 등의 반론에 대해 골드만은 현실 세계에서 거
짓인 믿음보다 참인 믿음을 더 많이 산출하는 것으로 이해하자고 제
안하면서, 신빙성을 현실 세계에서의 실제 빈도로 볼 것을 권유하고
있다. 그러나 신빙성을 현실 세계의 실제 빈도로 해석한다는 것은 한
믿음-형성 과정의 신빙성 여부를 그 믿음을 형성한 과정이 현실 세계
에서 산출한 믿음들에 근거해서 판단하자는 주장에 다름이 아니다. 문
제는 한 믿음의 형성 과정에 대한 신빙성 여부를 현실 세계에서의 실
제 빈도로 판단할 수 있기 위해서는 그 믿음-형성 과정이 현실 세계에
서 충분히 많은 믿음들을 산출해야 한다는 것이다. 그런데 우리는 현
실 세계에서 아주 적은 믿음을 산출하는 믿음-형성 과정에 의해 산출
된 믿음을 통해 정당화 여부를 판단할 수밖에 없다. 그런데 과정 신빙
론에서 이러한 믿음의 정당화 여부를 타당하게 결정할 수 있을까? 신
빙성을 현실 세계에서의 실제 빈도로 해석할 경우 이러한 믿음의 정
당화 여부에 대한 판단은 어려울 수밖에 없다. 이에 대한 답변으로 가
능 세계, 정상 세계 등을 들고 나오지만, 여전히 문제는 남는다. 따라
서 신빙성을 빈도에 의거하여 해석하는 대신 성향으로 볼 것을 제안
한다. 그렇게 되면 기본적으로 신빙성이란 참인 믿음과 거짓인 믿음의
비율이 될 것이고 동시에 비율은 확률을 의미하는 것으로 파악됨으로
써 해결의 실마리를 찾게 된다. 이러한 입장은 신빙성을 확률에 대한

(facts)과 믿음 간의113) '법칙적 연관성'에 의거하여 정의하고 있음을 알 수 있다.114) 암스트롱 역시 '법칙적 필연성'과 같은 개념에 의해 지식을 이해하고자 한다. 이들에 공통적인 것은 지식 혹은 정당화된 믿음이라는 인식적 개념을 비인식적 개념으로 분석하려는 것이다. 이와 같은 시도는 특히 윤리학적 자연주의에서 잘 드러나는데 그에 따르면 가치 명제를 사실 명제를 통해 규정할 수 있다.115)

이러한 시도가 궁극적으로 불가능하다는 취지의 논의는 무어(G. E. Moore)의 이른바 '자연주의적 오류(naturalistic fallacy)'를 통해 잘 알려져 있다. 만일 외재론이 근본적으로 철학적 오류를 범하고 있다면 아마도 그것은 윤리학에서 자연주의적 오류와 그 성격을 같이 할 것이다. 즉, 정의할 수 없는 것을 정의하려는 시도에서 범한 오류와 같은 의미로밖에 해석되지 않는다. 그 이유와 배경을 조금 더 검토해 보자.

골드만은 앞에서 지적한 사실과 규범성과의 관계에 특히 신경

성향의 해석에 따라 파악함을 의미한다. 그런데 골드만이 처음 신빙성을 굳이 빈도로 해석하려는 의도가 어디에 있었을까? 필자의 생각으로는 다른 입장과의 차별성을 기하기 위함으로 보이는데, 그러나 그의 처음 의도와는 상관없는 결과가 나오고 말았다는 점에 주목할 필요가 있다. Goldman(1979)과 Goldman(1986), 5장 103~109쪽 참조.

113) 여기서 노직이 말하는 믿음이란 일종의 '우연적인 주관적 조건에 의해 표현된' 믿음을 의미한다.

114) Nozick(1981), 제3장.

115) 인식론과 윤리학은 서로 별개의 영역이지만 인식적 정당화에 관한 판단과 도덕적 옳음의 판단이 다같이 규범-평가적 개념이라는 점에서 많은 철학자들은 이 두 영역을 서로 비교하여 인식적 판단의 성격을 해명하려 하고 있다.

을 곤두세우고 이를 의식하고 있는 것 같다.116) 그의 분석에 따
르면 한 믿음의 지식 여부는 그 믿음이 어떠한 인지 과정에 의해
산출되었으며, 이 인지 과정이 주어진 상황에서 어떻게 작동하는
가는 경험 과학의 탐구와 직접적으로 연관된다. 이 점에서 인식
론적 탐구와 경험 과학적 탐구의 연속성을 옹호하고 있으며, 이
는 인식론이 사실을 그대로 서술하는 경험적 이론임을 자처하는
것과 다름없다. 그렇게 본다면, 그의 신빙론에서 규범적 개념인
'인식 정당화'가 굳이 요구될 필요가 없기 때문에 인식 정당성을
인식론의 영역에서 추방하는 결과를 초래하게 된다. 그럼에도 불
구하고 골드만은 여전히 '인식 정당화', '합리성'이라는 규범적
개념을 중시하고 있는데, 다음의 예를 통해 그 이유를 살펴보기
로 하자.

> [예 4]
> 나는 차를 몰고 도로를 주행하던 중 어느 지점부터인
> 가 안개가 자욱하게 끼여 사물을 식별하기 어려울 정도
> 였고, 결국 사고의 위험 때문에 잠시 차에서 내렸다. 시
> 간을 끌기 위해 길을 걷던 중 집채만 한 크기에 어떤 사
> 물이 멀리서 서서히 나의 시야에 들어왔다. 나는 그 사
> 물을 보고 그것이 시골의 조그마한 교회라고 믿는다. 그
> 런데 그 사물은 실제로 교회였다.117)

---

116) 내재론과 외재론은 모두 '믿음'에 관한 이론으로서 양자는 한 믿음이
지식이 되는 조건이 인과적 관계를 통한 사실의 반영에 있는가 아니
면 정당화 관계에 대한 인지자의 접근에 있는가에서 구분된다. 김재권
교수는 이에 대해 적어도 인식론이 믿음에 관한 이론이라고 한다면
믿음과 관련해서 만큼은 규제적인 이론이어야 할 것이라고 지적하고
있다. 이 점 역시 골드만도 의식하고 있음에 분명하다. Kim(1988), 5장
참조.

[예 4]에서의 나의 믿음은 **참이다**. 또한 그 상황에서 내가 보고 있는 것이 교회가 아니었다면 그것은 집이나 산과 같은 것이었을 것이고, 따라서 나는 그것을 나무 같은 것으로 믿지는 않았을 것이다. 물론 사방이 그다지 분간하기 어려울 정도는 아니어서 교회와 집 정도는 식별할 수 있고, 교회를 다른 것과 구분하지 못할 정도는 아니다. 그렇다면 신빙론에서 제시하는 지식의 조건을 전적으로 만족시키고 있으며, 따라서 그 이론에 의하면 나의 믿음은 정당화된다. 그러나 위에서의 나의 믿음을 지식이라고 할 수는 없다. 왜냐하면 내가 그 믿음을 받아들이기에 합당한 근거를 소유하고 있지 못하기 때문이다. 여기서 내가 지니고 있는 유일한 인식적 근거는 그 사물에서 주어진 감각 **경험이다**. 안개에 시야가 가려 이 시각적 경험이 어느 정도 불분명하긴 하지만 그 사물이 교회가 아니라 시골집이었다고 하더라도 동일한 경험이 주어졌을 것이다. 따라서 나의 경험은 그 원인이 되는 사물이 교회라고 믿을 만한 타당한 이유가 되지 못한다. 즉 나의 믿음은 인식적으로 정당하다는 나의 의식을 동반하고 있지 않기 때문에 지식이 될 수 없는 것이다. 위의 예는 어떤 믿음이 참인 것으로 드러났다고 할지라도 지식이 되기 위해서는 그 믿음의 정당성에 대한 의식이 필수적임을 보여주고 있다.

한 믿음의 참임에 대한 의식은 인식 주관의 평가를 통해 가능한 것인데, 이와 같은 평가는 결코 사실적인 성격을 지닐 수가

---

117) Chisholm(1977)의 23쪽 각주 22에서, Lehrer(1990)가 1장에서 인용한 것인데, 여기에서는 이 예를 재구성하여 제시하였다. 물론 그 구조는 동일하다.

없으며 따라서 한 믿음의 정당화는 규범-평가적인 방식을 통해 확보된다. 골드만이 인식 정당성의 개념을 여전히 사용하며 이를 놓치지 않으려고 하는 것도 그 개념이 지식의 성립 요건에 필수적임을 의식하고 있기 때문인 것으로 보인다. 그렇기는 하지만 믿음의 정당화와 관련하여 규범성과 사실성에 대한 그의 견해가 명료하게 드러나 있지 않다.

내재론적 인식론에서 인식적 개념만큼은 고유한 측면(*sui generis*)으로 받아들이고 있다. 이에 반해 외재론자들도 그렇다고 하기에는 석연치 않은 구석이 남아 있다. 골드만의 입장에서 보듯이 어떻게든 일종의 독자적인 개념을 수립하기 위한 제안들을 하고 있기는 하지만 순수하게 외재론만을 고집하는 것으로는 인식 정당화론을 전적으로 다 설명해 내는 것 자체가 어렵다는 것이 드러나고 있다. 외재론을 고집하는 한에서는 한 믿음의 정당화를 위해 내재론에서 요구하는 '접근'의 조건을 어떻게든 극복해야 할 것으로 보인다. 다시 말해 믿음을 정당화하기 위해서는 어떠한 방식으로든 (실제적으로나 잠정적으로나) 정당화의 조건에 의식적인 접근이 필수적이라는 내재론자의 주장을 반드시 짚고 넘어가야 한다는 것이다.

신빙론에서는 이에 대한 해결책을 크게 두 가지 방향으로 모색하고 있는 것으로 보인다. 하나는 앞에서 지적한 바와 같이 한 믿음의 정당성에 대한 의식적 개입을 인정함으로써 적절히 변형된 형태로 외재론을 유지하는 것이고, 다른 하나는 여전히 인식적 개념에 대한 법칙적 분석을 통해 내재론에 대한 공격의 수위를 높여 이를 무력화시키는 방식을 택하는 것이다. 그러나 후자

의 노선을 택할 경우, 그 어떤 대안을 번듯하게 내놓는다 하더라
도 자연주의적 혹은 법칙론적인 방식에 따라 인식적 개념을 정
의하는 한 결코 만족스러운 답변을 기대하기는 어려울 것으로
보인다. 이와 관련하여 외재론자들이 내재론에 대해 취하고 있는
전략은 어떻게 보면 법칙적 분석의 범위를 넘지 못하고 있다. 이
점에 있어서 외재론자들은 내재론에 대해 "그가 알고 있는 것을
그는 어떻게 하는가?", "그는 그가 알고 있는 것을 아는 것에 대
해 그는 또한 어떻게 아는가?"라는 물음을 계속해서 물음으로써
내재론을 무력화시키는 전략을 취하는 것에 다름 아니다. 그러나
내재론을 그러한 방식으로 무력화시키는 것으로 내재론의 반론
에 대한 답변이 명시적으로 이루어졌다고 보기는 어렵다.

물론 내재론의 입장을 취할 경우 실재를 반영하는 데 많은 제
한이 뒤따르는 것은 사실이다. 그러나 외재론적인 틀 내에서 실
재를 어떻게 반영하게 되는지에 대해 그 나름대로 타당한 답변
을 제공해 줄지는 몰라도, 그 반영 과정이 인식 주관과는 독립적
이게 된다. 외재론의 답변이 오로지 법칙적 연관성에 의해 파악
하는 것과는 별도의 지식이나 정당화된 믿음의 개념을 받아들이
기까지는 그 문제에 대해서는 동일한 답변으로 일관할 뿐이라는
예상은 얼마든지 가능하다. 따라서 외재론이 취할 수 있는 최선
의 대안은 전자의 입장을 택하는 것인데, 이 또한 그리 선명한
방식으로 드러나고 있는 것 같지도 않다. 그럼에도 불구하고 골
드만이 취하고 있는 혹은 취하고자 하는 인식론적 전략은 특히
전자에 비중을 두고 있는 것으로 해석된다.

지금까지 내재론과 외재론 간의 대립을 통해 실질적으로 드러

난 것이 있다고 한다면 그것은 '고유한 인식적 개념'으로 분석될 수 있는 측면과 깊은 연관성을 갖고 있으며, 또한 그것은 인과성, 보편적이고 개연적인 법칙과 같은 비인식적인 법칙론적 개념에 수반하는(supervenient) 것으로, 혹은 우연적인 주관적 조건으로까지 비쳐지게 되는 것이다. 적어도 인식론에 있어서만큼은 내재론과 외재론이 서로 전혀 다른 길을 가야 한다거나 가고 있다고 생각하지는 않는다. 얼마든지 결합된 형태를 가질 수 있음은 현대 인식론자들이 취하는 전략을 통해 드러나는 공통적인 현상일 것이다. 그럼에도 불구하고 외재론이라는 꼬리표가 붙은 이론을 선뜻 받아들일 수 없는 이유는 내재론의 본질적인 측면을 암암리에 그 밑바탕에 깔고 있다는 것인지, 아니면 명시적으로 드러내 놓고 이런 것이라고 제시하고 있는 것인지 전혀 불분명하다는 점이다. 어떤 것이 되었든 외재론을 이해할 수 없게 만드는 이유가 되기에 충분하다고 생각한다.

우리의 목적은 외재론을 받아들일 수 없는 근본적인 이유가 어디에 있는지를 파헤치자는 것이기 때문에 외재론이 안고 있는 이와 같은 문제의 지적이 내재론을 옹호하는 것으로 해석될 필요는 없다. 그렇다면 위에서 언급한 고유한 인식적 개념이 외재론과 내재론의 대립에서 어떤 의미를 갖는지 좀더 검토하는 것이 논의의 목적상 유익할 것으로 생각된다. 앞에서도 지적한 것처럼 외재론적 정당화의 전략이 안고 있는 문제가 내재론을 옹호할 만한 입지를 마련해 주거나 혹은 그것을 정당화할 수 있는 이유가 되는 것은 물론 아니다. 그렇다면 어떤 환원이나 분석과도 무관한 고유한 인식적 개념이란 무엇인가? 하는 물음을 제기해 볼 필

요가 있다. 물론 환원과 분석을 전적으로 허용하지 않는 이론이
란 드물 것이다. 따라서 외재론적 견해에 반대한다고 하더라도
고유한 인식적 개념을 허용한다는 것은 그렇게 용이한 일이 아니
다. 즉, 인식적 개념을 규정함에 있어 어떤 특정한 측면만으로 구
성되는 인식 정당화론이 있다고 생각하는 경우는 많지 않다. 예
를 들어 전형적인 내재론자로 꼽히는 치즘은 인식적 용어에 대한
의무론적 분석에 많은 관심을 가졌음에도 불구하고 궁극적으로
"'다른 명제를 믿는 것보다 어떤 한 명제를 믿는 것이 더 합당함'
이라는 개념을 우선적으로 받아들인다."[118])는 그의 주장을 통해
알 수 있듯이 고유한 인식적 개념을 규정짓는 것이 근본적으로
자신의 몫이라는 점을 시사하고 있다. 그는 또한 정도에 따른 긍
정적인 인식적 지위를 구분하면서 가장 높은 단계의 정당화를
'just'에 두고 있는데, 이에 따르면 "한 믿음 혹은 명제 A를 믿는
것보다 나에게 더 합당한 또 다른 명제가 없는 경우 또 오직 그
경우에 한해 A는 나에게 확실하다. 그 말은 A를 믿는 것보다 나
의 인식적 의무를 더 잘 충족시켜 줄 수 있는 다른 명제가 결코
없는 경우 또 오직 그 경우에 한한다는 것을 의미한다."[119])

이와 같은 치즘의 말은 두 가지 의미를 포함하는 것으로 해석
할 수 있다. 즉, 인식 정당성을 확보하기 위한 일차적인 선택이
인식 의무를 충족시키기 위하여 내재적 개입을 허용하는 것이라
고 한다면, 이를 실현시키기 위한 또 다른 선택은 한 믿음에 대
한 더 이상의 경쟁적 믿음이 있어서는 안 된다는 요구이다. 이처

---

118) Chisholm(1977), 13~14쪽
119) Chisholm(1977), 14~15쪽.

럼 대표적인 내재론자 가운데 하나인 치즘의 경우에도 그 어떠
한 환원과 분석도 허용하지 않는 특정한 측면으로만 구성되는 인
식적 개념이 별도로 존재하는 것이 아님을 알 수 있다.120) 이와
같은 치즘의 시도를 통해 확인할 수 있는 사항이 있다고 한다면
그것은 우리가 추구하는 인식 정당화론의 목표와 직접적인 연관
성을 갖는다. 말하자면, 인식 정당화론의 목표는 우리의 의식과
아울러 믿음이 갖는 또 다른 특성, 즉 인식 정당화론이 달성해야
하는 목표로서의 사실에 대한 반영 내지는 그것의 참임을 담지해
줄 수 있는 믿음의 확보에 있을 것이다. 따라서 이러한 인식적
목표를 따를 경우 우리가 의식하는 것과 그에 앞서 이를 개연적
이게 하는 사실을 포함하는 그 무엇이 얼마든지 요구될 수 있다.
이것이 인식적 개념을 분석함에 있어 그토록 개연성에 집착하는
이유가 되기도 한다.

지금까지 외재론이 안고 있는 본질적인 문제에 대한 인식론적
인 검토를 통해 드러난 것이 있다면, 인식론에 대한 철학적 문제
가 지니는 연관성에 비추어 볼 때 외재론에만 의존해서는 인식
적 개념에 대한 분석을 통한 지식의 해명이 올바르게 이루어지
기 어렵다는 점이다. 내재론에서도 그 사정이 크게 다르지 않지
만, 특히 외재론의 경우 우리가 안다는 것, 혹은 정당화된 믿음

---

120) 물론 치즘의 입장이 어느 정도의 환원과 분석을 허용하고 있는지의 여
부는 더 따져 보아야 할 문제이기는 하지만, 특히 또 다른 전형적인
내재론자에 속하는 레러와 봉쥬르에게서 역시 보다 명시적으로 드러
나고 있음을 알 수 있다. 그들은 공히 한 믿음이 참일 객관성이 높을
경우에 그 믿음이 정당하다고 보고 있다. 그러한 정당성의 기준으로
'정합성'을 제시하는데, 아직 불분명한 점도 있기는 하지만 논리적 일
관성을 가져야 한다는 점에 있어서는 동의하고 있다.

을 갖는다는 것에 대해 과연 만족스러운 분석을 하고 있는가라
는 물음에 대해 분명하게 그렇다고 답변할 수 없는 많은 어려움
을 내포하고 있다. 외재론이 결코 단순하게 넘길 수 없는 측면이
있다고 한다면 그것은 인간이 확보하고자 하는 지식이 어떤 종
류의 것이냐의 문제이다. 인간은 부단히 합리적이고자 하는 존재
이며 따라서 어떤 자극에 대한 단순한 반사적 반응으로서의 믿
음 이상의 어떤 것을 원하는 존재라는 점을 감안한다면, '인식적
합리성'에 관한 우리의 철학적 물음에 대한 답변이 외재론에서
충분히 이루어졌다고 볼 수 없다.

지금까지 우리는 어떤 것이 정당화의 '고유한 인식적 개념'이
될 수 있는가에 대해 다양한 견해가 있을 수 있음을 보았다. 외
재론자든 내재론자든 다양한 개념적 장치를 도입함으로써 그들
이 본질적으로 안고 있는 결함을 극복하기 위해 애를 쓰고 있는
것 역시 다양한 방식을 통해 확인할 수 있었다. 그들은 어떤 형
태로든 만만치 않은 곤경에 직면하게 되는 것으로 보이며 이러
한 곤경에서 벗어나기 위해 그들 각각이 받아들이고 있는 견해
의 세부적인 사항의 타당성에 대한 전면적이고도 면밀한 재검토
를 하지 않을 수 없을 것으로 보인다. 이런 측면에서 외재론이
떠맡게 될 과제는 내재론보다 더 많은 것 같다.

5. 인식론의 이상과 목표

외재론적 견해가 갖는 가장 큰 매력 가운데 하나는 내재론이 안고 있는 치명적인 약점, 즉 우리가 알 경우, 안다는 것을 알아야 한다는 명제가 제기하는 문제를 손쉽게 처리해 준다는 점에 있다. 그래서 신빙성 있는 인지 과정에 의해 산출된 믿음만이 지식이 된다는 외재론자의 견해에 따를 경우, "우리의 어떠한 정신적 능력과 과정이 참인 믿음을 산출하는가?"가 핵심적인 물음으로 등장하게 된다. 여기에 골드만을 비롯한 외재론에서는 정당화를 해명하는 작업이 참인 믿음을 산출하는 정신적 '능력', 메커니즘 혹은 '과정'을 찾는 그러한 메커니즘에 따라 참인 믿음이 형성되었다면 그 믿음은 정당화된 믿음으로서 지식이 될 것이다. 이러한 의미에서 정당화된 믿음이란 신빙성 있는 믿음-형성 과정에 의해 산출된 믿음이라고 할 수 있는데, 그러나 여기서 '인식적으로 정당화됨'을 '신빙성 있는 믿음-형성 과정에 따라 형성됨'과 동일시할 수 있겠는가 하는 물음을 진지하게 제기할 수 있다. 이미 밝힌 바와 같이 이 물음에 대해 '예'라는 답변과 함께 그에 대한 타당한 근거를 제시할 수 없다면 외재론이 내재론에 비해 설득력 있는 이론이라는 주장은 성립하기 어려울 것이다.

외재론적 인식론에 따를 경우 인간의 본질적인 구조가 특정한 자극에 대해 반응함으로써 세계에 관한 올바른 표상을 갖는 것으로 보장해 주기만 한다면 우리는 알게 될 것이고 정당화된 믿음을 갖게 된다. 사실상 이와 같은 외재론적 인식론에 따라 자연의 거울로써 실재를 그대로 표상해 줄 수 있는 특정한 메커니즘

이 갖추어지기만 한다면 지식과 정당화된 믿음을 확보함에 있어
아무런 문제도 없을 것이다. 이러한 주장의 출발점을 이루는 것
은 우리 인간의 지식이 실재를 그대로 반영해 줄 수 없다면 인
식 정당화라는 규범성의 기준은 폐기되어야 할 것이고 더 이상
지식의 영역에 허용될 수 없을 것이다. 더욱이 전통적인 내재론
적 입장에 내재되어 있는 것으로 간주된 심리주의적 가정도 외
재론자들의 공격의 표적이 되었다. 따라서 그들이 지향하는 인식
론은 믿음을 형성하는 과정에 주목할 수밖에 없게 되었으며, 이
에 대한 사실적 탐구를 통해 잘 형성된 믿음은 지식이 되기에
충분한 것으로 인정되었다. 지식이 되기 위해서는 적절한 조건과
믿음 형성 과정에 따라 실재를 잘 담지해 내기만 하면 되기 때
문에, 그 결과 규범성은 지식에 관한 이론에서 불필요한 개념으
로 전락해 갔다.

  인식적 용어에 대한 현대 인식론에서의 철학적 분석은 우리의
믿음을 특정한 메커니즘에 따라 작동되는 것으로 보고 있는데,
그러한 분석 결과는 우리의 상식 내지는 직관과도 어울리지 않
는 측면이 너무 많아 보인다. 그렇다면 우리의 앎 혹은 믿음의
정당화에 관한 한, 그러한 '기계적인' 분석보다는 오히려 상식이
나 직관적 견해를 받아들이는 것이 더 나을 것이다. 골드만이 말
한 것처럼 적절한 환경에서 적절하게 작동하는 인식 장치에 의
해 구성된 믿음을 정당화된 믿음으로 간주해야 한다면 그와 같
은 적절한 환경도 문제이거니와 적절하게 작동하는 인간의 장치
를 통해 산출된 믿음의 정당화가 실재를 반영한다고 보장할 길
도 없다. 또한 한 믿음의 정당화가 기계적인 방식을 통해 이루어

진다고 하는 것은 참인 정보의 소유에 관한 입장으로밖에 달리 해석될 소지가 없어 보인다.

한 믿음과 진리와의 '인과적', '합법칙적' 관계에 입각한 정당화가 비록 그 증거의 원인일지는 몰라도 그 증거가 그 사람으로 하여금 왜 그 믿음을 받아들였는지에 관해 전혀 설명하지 못할 가능성이 크다. 한 믿음이 인식적으로 정당화되었다고 했을 때, 어떤 증거에 입각해 있다는 생각 없이 과연 나에게 정당화된 믿음이라고 할 수 있는가? 이에 대한 적절한 답변을 위해서 외재론자는 자신의 해결책의 방향을 달리해야 할 것으로 보인다. 많은 믿음의 방식에 있어 우리가 아무런 철학적 반성 없이 그것을 충족시킨다면 그것은 '정당화'와 상당한 괴리가 있게 된다. 만약 한 믿음이 참인 것으로 족하다고 한다면 외재론적 기준에 따른 지식과 정당화된 믿음으로 족할 것이다. 그러나 내재론의 입장에서 외재론에 대해 끊임없이 의문시하는 부분이 있다고 한다면, 그것은 어떤 의미에서 외재론이 인식적 물음을 진정한 철학적 관심에서 벗어나는 방향으로 재정의하고 있기 때문이라 할 수 있다.

위에서 지적했듯이 내재론과 외재론은 근본적으로 중요한 견해 차이를 포함하고 있으며, 그러한 차이는 인식적 개념에 대해 내재론과 외재론 공히 서로에 대해 만족스럽지 못한 결과로 얼마든지 드러날 수 있다. 동시에 이에 대한 해명을 통해, 특히 **IR**과 관련하여 내재론에 대한 외재론의 비판이 그리 분명하지 않음을 여러 각도로 확인할 수 있었다. 인식적 개념에 대한 외재론적 분석은 인식 정당화론이 갖는 본래의 철학적 관심에서 벗어나게 되며, 그 결과 외재론이 과연 인식론으로서 그 지위를 유지할 수 있을지조차 의심스럽게 만들게 되고, 더 나아가서 고유한 인식론의 영역에서 스스로 일탈하게 되는 결과를 낳게 될 것이라는 점이다. 그럼에도 불구하고 외재론과 내재론은 얼마간 본질적인 차이점을 드러내기도 하지만, 그렇다고 해서 서로 화해할 수 없을 정도로 전혀 동떨어진 것이 아님은 이미 지적한 바와 같다. 말하자면 내재론과 외재론이 다 같이 인식론적인 이론인 한에 있어서 공동의 인식적 목표를 지닐 것이며, 단지 그 목표를 달성함에 있어 방법상의 차이를 보일 뿐이라고 생각해야 할 것이다. 그리고 두 이론이 각각 극복할 수 없는 문제점을 안고 있다면 그에 대한 돌파구를 서로 상대방의 이론에서 찾는 것은 오히려 자연스러울 것이며, 굳이 거부할 이유는 없는 것으로 보인다.

제5장
인식론에서의 자연화 그 철학적 함축

1. 인식론에서의 자연화 배경 및 성격

20세기 들어 '인식론의 자연화'[121]라는 개념이 명시적으로 언급된 것은 1969년 발표된 콰인(Quine)의 논문[122]에서 비롯된 것으로 받아들여지고 있다. 그 이후 철학자들 사이에서는 수습과 대안 모색 혹은 그에 대한 동조를 둘러싸고 수많은 공방이 치열하게 오갔으나 지금은 그 열기가 서서히 식어가고 있는 것으로 보인다.[123] 우리 학계에서도 90년대 중반 이후 '철학적 자연주의'에 대한 소개와 논의가 활발하게 전개된 적이 있었으나 후반에 들면서 다소 누그러진 듯한 느낌이다.[124] 게다가 지금은 특정 분야에

---

121) 이 논문에서는 '인식론의 자연화'라는 개념으로 사용할 것이다. 일반적으로 'epistemology naturalized', 'naturalizing epistemology', 'naturalistic epistemology' 등으로 표기하는데, 이를 우리말로 옮기면 '자연주의 인식론', '자연화된 인식론', '자연주의적 인식론', '인식론의 자연화' 등으로 불린다. 하지만 나는 전통적인 인식론의 문제와 그 해결이라는 맥락에 따라 인식론에 대한 자연주의적 적용이라는 측면에서 '인식론의 자연화'로 쓰겠다.

122) Quine(1969a) 참조.

123) 90년대 초반을 고비로 하여 인식 방법론에 관한 논문의 수가 현격히 줄어들고 있다는 점에서 확인할 수 있다.

는 산발적으로 다루어지고 있을지 몰라도 인식적 방법론 그 자체
로는 그다지 논의의 선상에 오르내리지 않는 것 같다. 이러한 사
정을 감안해 본다면 이제 와서 자연주의를 새삼 들먹이는 것이
그리 생산적이지는 못한 것으로 비쳐질 수도 있을 것이다. 그럼
에도 불구하고 그러한 공방의 과정에서 해결해야 할 과제를 오히
려 더 많이 남겼다는 점과 철학 고유의 방법론이 존재한다는 생
각에 비판적인 현대 철학의 흐름을 감안할 때 분명히 짚고 넘어
가야 할 문제들이 적지 않다고 생각된다.

치열한 공방 과정에서 남긴 쟁점들 가운데 반드시 되묻지 않
을 수 없는 것이 있다고 한다면, 콰인에 따른 인식론의 자연화
전략이 전통적인 인식론의 과제를 어떻게 처리하고 있느냐가 그
중 하나가 될 것이다. 이른바 '선험적 규범성의 거부', '데카르트
를 근간으로 하는 전통적 토대론의 폐기', '기술적 인식론으로의
전향' 등으로 요약되는 콰인의 자연화 계획에 대한 일반적인 평
가125)와 관련한 의혹이 그것이다. 말하자면, 그의 자연화 계획에
대한 평가가 당시 '자연주의 운동 내지 경향성'이라는 조류에 편
승하여 획일적으로 이루어진 것이라고 한다면, 그에 대한 공정한

---

124) 우리 학계에서는 1994년 한국 분석철학회에서 김재권 교수를 초빙하
여 '자연주의와 심리철학'이라는 주제로 워크숍을 개최한 것을 필두
로 바로 그 다음 해에 정기 학술세미나를 '자연주의'라는 주제로 두
번 개최하여 많은 논문들이 나왔다. 특히, 인식론과 관련해서는 김효
명의 "흄의 자연주의", 김동식의 "자연주의 인식론의 철학적 의의",
김기현의 "자연화된 인식론(1997)", "자연화된 인식론과 연결", 최순옥
의 "콰인의 자연주의적 인식론에 관한 논의", 김도식의 "자연주의적
인식론의 한계" 등을 꼽을 수 있다.
125) 이 평가는 Kornblith(1985)와 김영남(1994) 참조.

평가가 아직 제대로 이루어졌다고 볼 수 없기 때문이다. 이것은 콰인의 자연화 프로그램이 갖는 성격 규정의 사안을 넘어 지식의 본성에 대한 해명의 차원에서도 중요한 의의를 갖는다. 다시 말해서 자연주의에 대한 옹호라는 일반적인 경향에 따라 모두 동일한 무대 위에 올려놓고 그 배경과 특징 등을 따지는 식의 논의가 되어서는 그 의의가 제대로 드러나지 않을 것이기 때문이다.126) 그 관건은 지식의 본성에 대한 해명의 맥락에 달려 있다고 생각한다. 더군다나 인식론의 자연화가 등장한 것 역시 지식의 본성에 관한 해명과 이를 둘러싼 공방의 과정에 따른 산물 가운데 하나임에 분명하다. 만일 전통적인 인식론의 과제와 결부된 측면에서 자연화 프로그램을 이해하지 않을 경우 현대인식론의 흐름과 또 다른 단절을 가져올 수 있거나 혹은 한때의 유행으로 끝날 공산도 크다고 본다. 결국 자연화 프로그램이 갖는 성격이 어떤 것이냐에 따라 전통적인 인식론을 전면 부정하든, 부분적으로 수용하든, 인식론의 자연화 시도가 갖는 의의는 특히 게티어(Gettier)의 문제에서 비롯되는 현대인식론의 과제 해명이라는 맥락을 떠나서는 진정한 평가를 받을 수 없다.

인식론의 자연화는 '인식 정당화'라고 하는 전통적인 규범적 인식론의 성공가능성에 대한 회의로부터 출발했다. 엄밀하게 말

---

126) 이 생각은 다음을 염두에 둔 것이다. 즉, 물리주의자들이 그들의 영역을 존재론에서 인식론으로 확장하여 자연주의 인식론을 주창하는 경우이다. 말하자면, 친과학적 성향을 지닌 철학자들이 특히 심리철학의 문제에서 그 범위를 넓혀 인식론에 과학적 방법을 적용함으로써 인간 정신의 고유한 영역이라 생각해 온 규범적-선험적 방식에 무차별적으로 적용하려는 시도에 관한 것이다.

해서 규범성의 거부가 그 배경에 놓여 있음을 의미한다. 그렇다면 자연화 전략에서 '정당화'라는 개념적 장치는 불필요하다. 이러한 입장은 단순히 전통적 인식론의 실패 인정과 그 전향에 대한 요구의 차원을 넘어 규범적 인식론의 본질적 배경을 이루는 '내재성의 거부'와 직접적으로 연관되어 있다. 이른바 자연화 계획에서 끝까지 그 포기각서를 받아내고 싶어 하는 것도 바로 전통적 인식론의 핵심이라 할 수 있는 '내재적 속성(*internal property*)'에 관한 부분이다. 만일 그 포기각서를 받아내지 못한다면 인식론에서의 자연화라는 꿈은 달성되기 어려울 것으로 보이며, 비록 타협적 절충안을 마련한다 하더라도 그것은 속 빈 강정이 될 공산이 크다.

2. 인식론에서의 자연화 전략과 그 전개 과정

"한 믿음이 어떻게 정당화되는가?"에 대한 답변을 마련하는 것이 전통적 인식론의 핵심적인 과제였다. 이는 규범적인 문제에 속한다. 이러한 규범성의 인식론적 장치인 정당화가 그 역할을 수행하게 되고, 그러한 정당화를 통해 규범적 인식론은 확보된다. 다시 말해, 전통적 인식론은 우리가 추구하는 지식을 규범성에서 찾았으며, 따라서 '정당화'를 그 핵심적인 과제로 여겨왔다. 그런 점에서 '정당화'는 규범적 인식의 결정적인 단서를 마련해 주게 된다.

바로 이러한 '정당화'의 역할은 한 믿음과 그 믿음이 참임을 보여주는 것과의 어떤 관계를 확보하기 위한 장치이다. 다시 말해 한 믿음이 우연적으로 참이 되는 것을 방지하기 위한 일종의 제어 장치라는 말이다. 왜냐하면, 어떤 믿음이 우연하게 참인 것으로 확인되었다면 그것을 지식이라고 부를 수는 없기 때문이다.[127] 그래서 정당화라는 장치를 도입함으로써 한 믿음과 참 간에 인식론적으로 적절한 관계를 보장하려는 것이다. 예컨대, 어떤 사람의 믿음이 인식적으로 정당화되었다고 하는 것은 바로 그 사람이 문제의 믿음을 갖는 것이 인식적 견지에서 허용된다는 것을 의미한다. 그러나 게티어의 논문[128]이 발표되면서 정당화가 믿음과 참 사이의 적절한 인식적 관계를 확립해 주지 못한다는 생각이 확인됨으로써 전통적 인식론의 판도에 새로운 변화의 조짐이 일어나게 된다. 이른바 지식의 전통적인 표준분석에 대한 새로운 논의를 알리는 단서가 게티어의 반례를 통해 마련된 것이다.

게티어의 반론에 직면해서 그 해결책을 요구하는 목소리가 다양하게 제기되었는데, 그 대부분은 믿음과 그것이 참임을 보여줄 수 있는 적절한 관계를 완벽하게 보장할 수 있는 추가적인 조건을 찾는 것이었다. 이러한 요구에 응해 추가적인 정당화 조건들이 여러 방식으로 제시되었지만 그러한 조건들은 또 다른 반례들이 제시됨으로써 여전히 미흡한 것이거나 우리가 받아들이기에 지나치게 강한 것으로 확인되었다. 예를 들어 '거짓 전제의 배제 조건'을 추가함으로써 게티어 반례를 극복하고자 했지만,[129]

---

127) 우연하게 참인 것으로 확인된 믿음의 사례로는 희망적 사고, 투시력이나 예지력에 의한 믿음 혹은 억견 등을 들 수 있다.

128) Gettier(1963) 참조.

비록 추가시킨다고 하더라도 우리가 일상적으로 안다고 인정하
지 않으면 안 될 경우조차도 불가능한 것으로 만들어 버렸다.130)
왜냐하면, 전통적 인식론에서 한 믿음이 정당화된다고 했을 때
단순히 그 믿음이 정당화되기 위한 근거가 있는 것만으로는 안다
고 할 수 없기 때문이다. 가령 콘브리스(H. Kornblith)에 따르면,
한 믿음이 정당화되기 위해 그 믿음과 그 믿음의 근거와의 논리
적 연관만을 고려한다면 인식 정당화에 대한 해명이 이루어질 수
없다는 지적이다. 예를 들어, 인지자의 한 믿음에 대한 적절한 근
거를 확보하고 있음에도 불구하고 결과적으로 그 믿음을 갖게 되
는 것은 그 근거와 무관하게 그 믿음을 표현하는 문장의 소리가
좋아서 얼마든지 그 믿음을 갖게 될 수 있는데, 이 경우 그 믿음
이 정당화되지 않음은 물론이다. 따라서 한 믿음이 정당화되기
위해서는 그 믿음이 주어진 근거에 기초해야 하며, 여기에서 그
근거에 기초해야 한다는 것은 오직 그 근거에 의해 발생된다는
생각으로 옮겨가게 된다.131)

　이처럼 지식에 대한 전통적인 분석에 문제가 있음을 다시금
확인함으로써 발상의 계기를 마련해 준 것이 '게티어 반례'가 갖
는 공헌이라고 볼 수 있다.132) 말하자면, 게티어의 반례가 갖는

---

129) Michael(1963)과 Sosa(1964) 참조.
130) 다음은 거짓 전제의 배제의 조건을 추가하는 경우에 대한 반례로는 2
　　장 2절을 참조하기 바람.
131) Kornblith(1980), 제3절, 599쪽 참조.
132) 게티어의 반례를 극복하기 위해 부가적 조건이 아무리 제시된다고 하
　　더라도 또 다른 문제를 계속해서 증폭시키는 상황에서 이제 인식론은
　　원점에서 다시 출발해야 할 것에 대한 요구가 결국 인식론의 자연화를
　　재생시킨 직접적인 원인이라고 키처는 지적하고 있다. Kitcher(1992),

의의는 '거짓 전제의 배제'와 '우연적으로 참이 되어서는 안 된다'는 값진 교훈을 남겨준 점과 그 극복 과정을 통해 지식의 단일망을 제거해 버리려는 시도가 동시에 이루어진 점에서 찾을 수 있다.[133]

이와 같은 난관에 봉착해 지식의 문제를 해결하려는 시도 중 특히 눈여겨볼 만한 것은 '정당화 조건의 강화'라는 것과는 전혀 다르게 접근하려는 시도이다. 이러한 움직임은 1967년 골드만에 의해 발표된 "앎의 인과론"이라는 논문[134]에서 찾아볼 수 있다. 이 논문에서 골드만은 게티어 반례에 대한 정교한 분석과 아울러 '화병의 예'를 통해 한 믿음이 지식이 되기 위해서는 그것이 참이 되어야 할 뿐 아니라 그 믿음을 참이게 하는 사실과 적절한 인과적 관계를 맺고 있어야 한다고 주장하고 있다.[135] 골드만이 제시하고 있는 예를 재구성하면 다음과 같다. "똘이 앞에 화병이 하나 놓여 있다. 이 화병과 똘이 사이에 레이저 사진이 끼어들어 똘이의 시야를 가로막고 있다. 이 사진은 화병 사진이어서 레이저 광선이 그것을 비출 때 똘이에게는 실제의 화병처럼 보인다.

59~62쪽.

133) 물론 이 외에도 인식론의 자연화 시도를 옹호하려는 논거로 메피의 지적에 따라 그 골자만 추려보면, 전통적 인식론의 실패 인정과 그 대안 모색의 불가피성, 자연과학의 성공과 그 확대 적용, 인식과정에 대한 과학적 접근 방식의 옹호 등을 들 수 있다. Maffie(1990), 282~284쪽 참조. 그러나 이 세 가지가 각각 인식론의 자연화를 위한 독립적인 논거라고 볼 필요는 없다. 왜냐하면, 문제의 발단이 전통적 인식론의 문제에서 비롯된 것이라고 한다면 후자의 둘은 그 해결의 과정에서 또 다른 대안의 논거로 작용하기 때문이다.

134) Goldman(1967).

135) Goldman(1967), 69~70쪽.

더욱이 똘이는 이러한 사실을 전혀 모르고 있으며, 레이저 광선이 작동하고 있다고 믿을 만한 아무런 이유도 갖고 있지 않다. 이제 이러한 레이저의 작동에 의하여 똘이는 자신 앞에 화병이 있다고 믿는다." 이 경우에 똘이의 믿음이 인식 정당화되기는 하나 자신 앞에 화병이 있다는 것을 알 수 없다는 요지이다.136)

골드만이 제시하고 있는 예를 정식화하면, "S가 p를 믿는 일이 적절한 방식에 따라 p라는 사실에 의해 인과적으로 발생하는 오직 그 경우에 한해 S는 p를 안다."가 된다. 말하자면, 내 앞에 책이 있다는 것을 본다는 사실은 나로 하여금 내가 책을 보고 있다는 것을 믿도록 만든다. 왜냐하면, 내 앞에 있는 책을 보는 일은 내가 책을 본다고 믿게 만드는 원인이 되기 때문이다. 물론 이후에 골드만은 그에 대해 제기된 반론의 극복 과정에서 자신의 입장을 일부 수정하여 "정당화된 믿음이란 신빙성 있게 그 참임을 산출하는 믿음-형성 과정에 의해 야기된다."고 주장하고 있다.137) 여기에서 세부적인 사항은 논외로 두고라도 이런 과정을 통해 그가 변함없이 유지하는 기본적인 입장은 한 믿음의 정당화라는 인식적 개념을 어떤 인지과정에 따른 산출과 같은 자연적 개념을 통해 분석한다는 점이다. 말하자면, 한 믿음이 정당화

---

136) Goldman(1967) 참조.
137) 보다 정확하게 표현하면 1979년에 제시된 논제는 "시간 t에 S가 p를 믿는 것이 신빙성 있는 믿음-형성 과정에 의해 산출되는 오직 그 경우에 한해, 시간 t에서 p에 대한 S의 믿음은 정당화된다."이고, 1986년에 제시된 논제는 "믿음-형성 과정 p는 '적절한 입력조건 I'에서 거짓인 믿음보다 참인 믿음을 더 많이 산출하는 성향(propensity)이 있을 경우 또 오직 그 경우에 한해 p는 신빙성이 있다."로 보다 정교하게 다듬고 있음을 알 수 있다.

된다고 했을 때 그에게 있어 인식 정당화란 그 믿음이 어떻게 발생하였는가의 문제로 보고 있기 때문에, 이는 어떤 믿음을 산출함에 있어 인지자의 인식체계가 어떠한 인지과정을 포함하며, 또 어떠한 인지과정이 그 믿음의 산출과 관련되느냐 하는 사실적 탐구에 따른 것임을 알 수 있다. 이러한 골드만의 견해는 뒤이어 '자연화된 인식론'이라는 이름으로 보다 확대 적용된 형태로 1969년 콰인에 의해 나타나게 되고, 바로 이어서 드레츠키(Dretske / 1969, 1981)나 암스트롱(Armstrong / 1973) 그리고 노직(Nozick / 1981) 등의 주장과 그 호흡을 같이한다.

이른바 '자연화된 인식론'이라는 개념을 명시적으로 사용하면서 시기적으로 골드만에 뒤이어 등장한 콰인은 전통적인 인식론과의 단절을 표방하면서 인식론의 역사를 새롭게 쓸 것을 종용하였다. 단절과 출발이라는 의미에서 강한 대체론(replacement thesis)으로 불리기도 하는 그의 입장은 자연주의 인식론의 시조쯤으로 여기기에 충분한 듯이 보였다. 그러나 그가 여기에서 말하는 단절의 의미를 어떻게 받아들이느냐에 따라 그에 대한 평가는 상당 부분 달라질 수 있다고 본다. 무엇보다도 콰인의 견해가 비중 있게 다루어지는 것은 자연주의 인식론과 관련된 대부분의 논의가 콰인 이후에 등장하였다는 점에서 그가 이러한 조류에 도화선을 당긴 장본인으로 평가되기 때문이다. 그러나 그가 말하는 전통적 인식론과의 단절에 대한 명시적 표방 그리고 그에 대한 포괄적 적용에서 비롯된 영향력이 그의 위상을 결정지을 수는 없다. 오히려 전통적 인식론의 문제와 그 해결의 맥락에서 보는 것이 그에 대한 보다 올바른 진단이 될 것이다. 이를 위해 그가 의도하는 바를 보다 분명하게 살펴볼 필요가 있다.

콰인에 따르면, "우리는 어떠한 믿음을 가져야 하는가?"라는 물음은 '물음 그 자체'가 잘못되었기 때문에 한 믿음의 정당화를 근간으로 하는 전통적 인식론을 포기하고, "우리는 실제로 어떠한 믿음을 갖는가?"라는 서술적 물음으로 바뀌어야 한다는 것이다. 말하자면, 인식적 규범을 근간으로 하는 전통적 인식론이 근본적으로 잘못되었기 때문에 서술적 인식론으로 대체되어야 한다는 선언적 요구였다.138) 그가 말하는 서술적 인식론은 "감각적 자극이나 경험에서 어떻게 우리의 믿음을 형성하는가?"에 대한 답변으로 제시되는 일종의 심리학에 관한 탐구를 의미한다. 그의 말을 직접 들어보면 다음과 같다.

> "…어떻게 천편일률적으로 그와 같은 창조적 재구성, 그런 식의 가공의 것에 안주하려 하는가? 감각자극은 어느 누구든 궁극적으로 자신의 세계상에 도달하려 할 때 받아들여야 할 증거의 전부이다. 어째서 이러한 구성이 실제로 진행되는 방식 그 자체를 바로 보면 안 되는가? 왜 심리학을 받아들이면 안 되는가?" 이 말의 의도는 '인식 정당화'를 통해 확실성을 추구하려는 전통적 인식론은 폐기되어야 하며, 우리가 어떻게 감각자극으로부터 그 세계상에 이르게 되는지를 탐구해야 한다는 취지를 담고 있다. 바로 그러한 탐구는 '정당화'가 아닌 자연과학적 설명에 있고, 그 방식은 감각자극과 신경생리학적 반응에 관한 심리학적 설명의 모델을 반영하고 있다.139)

---

138) 콰인의 의도에 관한 선명한 논의는 Kim(1988), 3절 참조.
139) Quine(1969a), 75쪽.

여기에서 감각적 자극과 믿음 형성의 관계는 인과적이거나 법칙적인 관계를 말한다. 이 관계를 콰인은 "증거가 어떻게 이론과 관련되는가?"에 대한 답변으로 제시하고 있다.[140] 그가 여기에서 말하는 증거와 이론과의 관계는 곧 인과관계이다. 그래서 콰인은 지식을 입·출력 간의 인과관계에 따른 것으로 파악하고 있으며, 감각자극에 따른 관찰명제를 입력으로 그에 따라 산출된 것을 이론명제로 보고 있다. 물론 콰인은 '인식 정당화' 등의 규범적 개념을 사용하지는 않는다. 굳이 "지식이 무엇이냐"라는 물음을 던진다면, 이에 대한 콰인의 답변은 "감각자극과 인지적 출력 간의 인과관계에 따른 증거와 이론의 관계"라고 주장하고 있는 셈이다. 이렇게 본다면 인식적 지위를 갖는 어떠한 규제적 개념도 여기에서는 요구되지 않는다. 다만 지식이 되는 데 요구되는 것은 인과관계에 의한 자극과 반응이기 때문에 투입된 증거와 산출된 이론인 믿음은 전적으로 외재적 요인에 의해 결정될 따름이다.

콰인이 주장하는 바를 다음과 같이 표현해도 그 의미는 그대로 유지된다. 즉, 투입인 감각지각[증거]에 따라 하나의 이론[믿음]이 산출되는 것[인식정당화]은 그 이론이 어떻게 발생하였는가와의 함수이다. 다시 말해서, 한 이론의 산출이 증거와의 인과관계에 의해 결정되는 경우라는 말은 한 믿음의 인식 정당화가 그 믿음의 증거에 의해 야기되는 경우라는 말과 그 의미상 동치이다. '어떤 이론의 산출'을 '믿음의 정당화'로, '증거와의 인과관계'를 '그 믿음의 증거에 의해 야기됨'으로 연결지어 보면 정확하게 맞아떨어진다. 표현된 개념만 다를 뿐이지 의미상 무슨 차

---

140) Quine(1969a), 83쪽.

이가 나는가? 지식의 본질이 한 믿음의 발생과 변화에 관한 탐구라는 콰인의 지적에서 보듯이 그가 표방하는 자연화 전략에 따른 지식에 대한 해명이 전통적 인식론에서의 정당화 전략과 다른 방식을 취하고 있음은 재론의 여지가 없다. 그러나 적어도 그 의미에 있어서 앞에서 언급한 골드만의 입장과 전혀 다른 별도의 방식을 갖는 것인지 모르겠다. 분명한 것은 인식 정당화에 관한 자연주의적(외재론적) 적용이라는 측면에서 보면 그 의미상 동일한 답변을 내놓고 있는 셈이다. 강하게 말해서, 자연화 전략에 따른 '인식 정당화'라는 개념은 경우에 따라 명목상 그 명칭만이 유지된다는 점 이외에 그리 특별한 프로그램을 가지고 있어 보이지는 않는다. 그렇게 본다면 콰인 역시 게티어의 문제를 극복하기 위한 대안적 전략 가운데 하나라는 선상에서 보아야 그에 대한 보다 공정한 평가가 아닐까 생각한다. 굳이 그 차별성이 있다고 한다면, 그것은 골드만의 대안에 대한 보다 확대 적용된 사례라는 점에서 강한 대체론적 전략을 취한다는 것 이외에 별도의 주장을 하고 있어 보이지는 않는다. 다음의 논의를 통해 전통적 인식론의 맥락에 따른 콰인의 입장이 보다 분명히 드러날 것이다.

　드레츠키나 암스트롱 그리고 노직 등은 참인 믿음을 지식으로 전환시키는 관계를 골드만과는 달리 법칙적 관계로 파악하고 있다. 그 법칙적 관계란 일종의 자연법칙과 같은 그러한 관계에 기반을 두고 있다. 암스트롱의 경우 우리의 인식체계를 온도계의 비유141)를 통해 설명하면서, 한 믿음과 그 믿음이 표상하는 사실

---

141) 암스트롱이 말하고 있는 온도계의 비유에 따르면, 우리의 인지체계를

사이에 법칙적인 연관성이 있을 때 그 믿음은 지식이 된다고 주장한다. 드레츠키도 명시적으로 우리가 믿게 된 바로 그 믿음의 이유는 믿게 된 것의 참임과 법칙적으로 연관되어 있어야 하며, 그 법칙적 연관은 자연법칙에 기반한 가정에 의존하고 있다.[142] 또한 노직의 경우에 있어서도 만일 문제의 믿음이 참이 아니었더라면 인지자는 자신이 믿었던 것을 믿지 않았을 것이라는 반사실적(counterfacture) 관계로 설명하고 있다.[143] 그러한 관계가 이와 같이 다양한 형태로 드러나고 있기는 하지만 여기에서 중요한 것은 그러한 관계의 성격이 어떤 것이냐 하는 점이다. 그것이 인과적, 법칙적 관계이든 반사실적 관계이든 이들 관계는 사실과의 객관적 관계이다. 말하자면, 지식이 되기 위한 관계가 인과 관계, 법칙적 관계, 반사실적 관계와 같은 것이라고 한다면, 여기에서 요구되는 인식 정당화란 한 믿음이 어떤 관계(인지과정)에 따라 산출되어야 하느냐의 문제에 따른 것이므로 결국 그러한 관계에 속하는 자연적 성질을 통해 이루어져야 할 문제임에 분명하다. 그렇다면 한 믿음의 지식 여부를 결정함에 있어 이들에게 나타나는 공통된 견해는 한 믿음과 그 믿음의 참임을 연관시키는 것이 믿음과 사실이라는 물리적 대상들 간의 객관적 관계에 따른다는 점에서 찾을 수 있다. 이런 측면들은 자연화된

온도계의 경우와 비교하면서, 정상적으로 작동하는 온도계의 눈금이 외부의 온도에 대한 믿을 만한 지표가 될 수 있듯이 정상적으로 작동하는 인지체계에 따른 믿음은 외부세계의 사태에 대한 믿을 만한 지표가 될 수 있다는 생각에 기초한다.

142) Armstrong(1973), Dretske(1969), Lehrer(1990), 154~155쪽에서 재인용.

143) Nozick(1981), 제3장.

인식론에서 주장하는 자연과학과의 연속성이라는 핵심 사안을 잘 반영해 주고 있는 것으로 볼 수 있다. 자연주의라는 딱지를 붙인 이론이 그렇듯이 그러한 관계 역시 분석에 사용된 모든 용어가 인과 관계나 법칙적 관계와 같이 자연 현상을 기술하는 용어이거나 그와 같은 용어로 환원될 수 있다고 주장하는 견해가 되기 때문이다. 이러한 점들을 감안한다면, 앞에서 살펴본 콰인의 입장 역시 예외일 수는 없다. 지식이 무엇인지에 대한 답변을 인식론의 자연화라는 공통된 기조를 유지하면서 나름의 개념을 사용하여 제시하고 있는 것으로 보아야 할 것이다. '자연화된 인식론(*epistemology naturalized*)'이라는 개념을 현대인식론에 처음으로 도입하여 사용한 측면에서 그의 공헌은 인정되지만, 자연화 계획에 따른 연속성의 차원에서 보자면 그리 특별한 위상을 갖는다고 볼 필요는 없다.

지금까지의 논의 내용에 비추어 전통적 인식론과의 연장선상에서 자연화 시도를 이해할 경우, 그것은 다음의 두 가지 중요한 측면을 시사해 준다. 첫째, 한 믿음이 어떠한 인지과정을 통해 발생되는지에 관한 사실적 고려는 게티어의 문제에 대한 해결이라는 절박한 상황에서 최선의 해결책으로 여길 수 있도록 해 주었고, 콰인은 이를 다시금 확인시켜 주었다. 둘째, 자연화된 인식론이 게티어의 문제를 극복하기 위한 대안으로서 지식의 성격을 전혀 달리 규정하고 있다는 점에서 충분히 그 차별성을 갖는다고 볼 수 있다. 그러나 인식론의 자연화가 갖는 차별성의 내용이 무엇이냐에 따라 그 최종적인 평가는 달라질 수 있다. 이 말은 '지식의 본성'에 관한 전통적 인식론의 대응과 직접적으로 연관되어 있음을 의미한다. 문제는 그것이 전통적 인식론의 존립 근거인 인식적 규범에 따른 '내재적 속성'에 어떻게 대처하느냐에 따라 규명되어질 것으로 보인다.

3. 인식, 자연화, 남겨진 과제들

인식론의 자연화를 통해 전통적인 인식론과의 단절을 꾀하려는 노력은 이른바 '근본적 대체론', '연속론', '약한 대체론', '변형론' 등의 이름으로 불리며 다양한 모습으로 선보여 왔다.144) 이렇게 서로 다른 이름으로 불릴 수 있는 것은 자연과학의 성과가 인식론에 반영되는 영향의 정도에 따른 차이일 것이다. 인식론의 과학화 정도에 따른 분류라고 보는 편이 오히려 정확한 표현일 것이다. 그러나 인식론의 자연화와 관련하여 이 논문에서 주목하는 것도 지식의 본성이 무엇이냐 하는 문제와 관련된 전통적 인식론의 과제와 그 해결 과정에 있는 만큼 각각의 견해에 대한 세부적인 사항은 논외로 둘 수밖에 없다. 그럼에도 불구하고, 앞에서 살펴본 바와 같이 인식론의 자연화에 관한 어떠한 입장이 되었건 기본적으로 그 배경을 같이하기 때문에 적어도 그 신조는 공유된다. 그래서 강한 입장은 말할 것도 없지만 비록 완화된 입장을 갖는다고 하더라도 이들은 자연주의적 기조를 살리는 방식

---

144) 특히 인식론의 자연화에 관한 논의는 거의 종잡을 수 없을 만큼 복잡하고 다양하다. 그 분류와 그에 따른 각각의 특징에 관해서는 Maffie(1990)와 김동식(1995) 등을 참조.

에 따라 그 명분을 그대로 유지하고 싶어 한다.

이러한 주장의 이면에 놓인 중요한 이론적 배경에는 인식론의 구체적인 내용이 자연과학의 연구 성과를 반영해야 한다는 입장이 깔려 있다. 이는 인식론과 자연과학 간의 연속성을 옹호하려는 것으로 상호 호환의 가능성을 인정하자는 것이다. 여기에서 말하는 연속성이란 다음과 같은 성격의 연속성을 의미한다. 즉, 자연과학의 구체적인 연구 성과가 인식론의 내용에 실질적인 부분을 이루어야 하고, 그렇다면 적어도 자연과학의 탐구 결과에 따라 인식론의 내용 역시 변화될 수 있음을 시사한다.

이에 대해 콘브리스는 다음의 세 가지 물음을 도입하여 인식론의 자연화를 옹호하고 있다. A. 우리는 우리의 믿음에 어떻게 도달해야 하는가? B. 우리는 우리의 믿음에 어떻게 도달하는가? C. 우리가 실제로 우리의 믿음에 도달하는 과정들은 우리가 도달해야 하는 과정들인가? 여기에서 콘브리스는 B에 대한 답변을 알지 못하고는 A에 대한 답변을 할 수 없다고 보고, 다음과 같이 주장한다. 즉, "나는 인식론에 대한 자연주의적 연구 방식이 바로 이 주장에서 성립한다고 본다. 즉, 물음 A는 물음 B와 독립적으로 답변될 수 없다."145) 말하자면, 그는 A에 답하기 위해서는 경험적 연구에 따라야 한다는 것이고, 이 말은 우리가 어떤 믿음에 도달하는 데에는 실제로 어떤 과정에 따르는지에 대한 분석이 요구된다는 것이다. 그러나 이러한 연구가 A에 어떻게 도움을 줄 수 있느냐에 관한 그의 해결책은 만일 C에 대해 '그렇다'고 답변

---

145) Kornblith(1985), 3쪽.

할 수 있다면, B에 대한 답변이 이루어져야 A에 대한 답변 역시 가능하다는 것이다. 그래서 C에 대한 '그렇다'는 답변이 경험에 기초를 둘 경우에 우리는 경험적인 수단을 통해 A에 답할 수 있다고 주장한다. 이에 대해 그는 "만일 우리가 도달해야 하는 그 방식으로 믿음에 도달한다는 것을 미리 알기만 하면, A에 접근하는 한 방법은 결국 심리학을 하는 일이다. 우리가 실제로 믿음에 도달하는 과정을 발견하는 경우에, 우리는 그것에 의해 우리가 믿음에 도달해야 하는 과정을 이미 발견하고 있는 것이다. 그렇게 되면 인식론이라는 계획은 경험 심리학으로 대치될 것이다."146)라고 주장한다.147)

만일 이러한 콘브리스의 견해를 받아들인다면 자연과학의 연구 성과에 따라 인식론의 내용이 결정될 수 있기 때문에, 전통적인 인식론에서 그 존립의 가능 근거가 되는 인식규범의 변화가능성을 허용하게 된다. 그렇다면, 한 믿음의 정당화에서 규제적 역할을 수행해 온 인식적 규범은 자연과학의 제약하에 놓일 수 있다는 주장 역시 가능하다. 더 나아가 인식론의 고유한 방법론이라 여겨 온, 즉 개별과학의 정당성을 문제삼고 그 시시비비를 가려야 한다는 선험적 방법 역시 포기해야 한다는 결론까지 나오게 된다. 만일 그렇게 된다면 전통적 인식론에서는 더 이상 독자적으로 그 답변이 마련될 수 없음을 의미한다고 볼 수 있다.148) 그

---

146) Kornblith(1985), 5쪽.
147) 이에 대한 보다 세부적인 논의를 위해서는 Kornblith(1985)를 참조하기 바람.
148) 제시된 논지는 주로 콘브리스의 견해를 반영한 것이다. Kornblith(1985).

렇다면 전통적 인식론 내부에서 이를 어떻게 받아들여야 할지, 그리고 선험적이고 규범적인 학문으로서의 인식론이 더 이상 유지될 수 없는 것인지, 인식적 규범성과 관련하여 이를 평가해 보고 그 의의를 구체적으로 따져볼 필요가 있을 것이다.

이미 지적한 바와 같이 인식론의 자연화에 따른 설명은 게티어의 반례에 대한 보다 즉각적인 해결책을 제시한다는 측면과 아울러 전통적인 인식론의 전형이라 할 수 있는 강한 의미의 토대론에서 제기되는 문제에 대해 효과적으로 대처할 수 있다는 점에서 분명한 이점을 갖는다. 왜냐하면 자연화의 틀 내에서는 참인 믿음을 지식이 되도록 함에 있어 그 믿음의 정당화에 큰 비중을 둘 필요가 없으며, 따라서 믿음의 정당화라는 개념에 매달리거나 특권화된 자기-정당성을 갖는 믿음을 불필요하게 설정할 이유가 없기 때문이다. 다만 참인 믿음을 지식으로 전환시키는 것은 그 믿음을 어떤 방식으로 정당화하느냐에 있는 것이 아니라 그 믿음이 세계와 연관되는 방식에 있을 따름이다. 인식론의 자연화에서 지식이 되기 위해 요구되는 것은 이처럼 그 믿음이 어떻게 발생되는가 하는 것이지 그 믿음에 대해 어떻게 방어할 수 있는가에 있는 것은 아니다.[149] 예컨대 경험으로부터 야기된 참인 믿음은 그것이 발생하는 방식으로 인해 지식이 된다. 이처럼 인식적 자연화에 따른 지식은 한 믿음이 어떻게 정당화되는가에 대한 답변에 있는 것이 아니라 그 믿음이 어떻게 발생되었는가에 대한 답변에 있다. 이처럼 지식이 되기 위해 요구되는 관계가 인과 관계 혹은 법칙적 관계에 따른 것이라고 한다면, 한

---

149) Goldman(1979), 14쪽 참조.

믿음과 그 참임을 연결시키는 어떤 과정이나 관계가 '인지자의 의식적 접근'과는 무관하게 사실에 입각한 관계가 되며 그러한 관계 덕분에 믿음이 지식이 된다는 입장으로 해석될 수 있다.

이러한 해석에 따를 경우, 정당화라는 규범-평가적 개념이 경험 과학의 제약하에 놓인다는 입장은 오히려 자연스럽다. 실제로 자연주의를 표방하는 어떠한 입장도 정당화 개념에 대해 이러한 노선을 택하고 있는 것으로 보인다. 이를 위해 그들은 "당위가 수행가능성을 함축한다(*ought implies can*)"는 명제를 내세우면서 이러한 명제를 뒷받침할 만한 설득력 있는 논변을 제시하려 한다. 선험적인 규범-평가적 개념과 경험적인 개념은 독자적인 개념으로서 서로 호환될 수 있는 성질의 것이 아니라고 생각할 수 있다. 그러나 자연주의에서는 호환 가능성을 내비치면서, 당위를 내포하는 인식적 규범이 인지적 수행 능력에 의존한다는 것을 어떤 인식론도 경험과학의 성과에 따른다는 것을 함축하는 것으로 보고 있다. 물론 모든 규범성은 인간의 수행 능력의 범위를 넘어설 수 없으며 인식적인 규범성도 인지적 수행 능력의 범위 내에 제한되어야 하는 것은 일견 타당해 보인다.150) 그런데 문제

---

150) Cherniak(1986), 93~94쪽. Goldman(1993), 1장. 이러한 견해에 관해 알스톤은 인식적 의무와 관련지어 다음과 같이 선명하게 제시하고 있다. 즉, 인식적 규범이 당위적 판단 혹은 의무를 포함한다면, 그것은 믿음상의 의지주의(*doxastic voluntarism*)를 함축한다는 것이다. 믿음상의 의지주의란 우리의 믿음을 적어도 우리가 통제할 수 있다는 견해이다. 그렇다면 우리가 어떤 것에 대해 우리가 선택할 수 있는 오직 그 경우에 한해 그것을 해야 할 의무를 갖는다는 논지를 담고 있다. 말하자면, 우리가 어떤 믿음을 받아들임에 있어 자신의 의지에 따른 통제력을 행사할 수 없다면, 그렇게 믿는 일에 대한 당위나 의무가 있을 수 없다는 것이다. Alston(1988) 참조.

는 인식적 규범이 정당한 것으로 받아들여지기 위해서는 그 규범이 인간의 인식 구조에 비추어 볼 때 따를 수 있어야 한다는 주장이 추가적으로 요구된다. 이와 같이 추가적으로 요구되는 주장 역시 인식적 규범에 따른 것이 될 터인데, 이와 같은 가설 자체는 선험적 방법에 의해 주어진 것이다. 결국 두 견해를 종합한다면 인식적 규범이 경험적 방법을 통한 검증 절차를 거치게 되기도 하지만 인식적 규범 자체는 근원적으로 선험적 방법에 의해 확보되는 것이다.

인식론의 자연화 계획에 따라 지식의 확보를 믿음의 발생에 초점을 맞춘다면, 인간의 인식 체계는 더 이상 믿음에 대한 '접근' 혹은 '반성'의 결과로 그 참임을 확보하는 능력으로 이해될 수 없게 된다. 이 점은 지적 존재로서 혹은 합리성을 지향하는 능력을 지닌 존재로 인간을 이해하는 시각을 달리해야 한다는 것을 의미한다. 단지 참인 믿음을 형성해 줄 수 있는 능력을 지닌 인간으로서의 이해만이 요구될 뿐이다. 자연화 계획에 따른 인간의 인식 능력은 외부 세계로부터 받아들인 정보를 적절하게 처리하는 능력일 따름이며, 마찬가지로 인간의 인식 체계도 믿음에 주체적으로 접근함으로써 비판적으로 고찰하는 체계이기보다는 믿음의 입력을 받아들여 형성하는 체계이다. 그렇다면 우리의 인식 체계는 믿음을 형성하는 장으로서 진리를 잘 담지해 내는 체계로 볼 수 있다. 인식 주관은 믿음을 형성함에 있어 정확하게 사실을 반영해 주도록 받아들이는 역할만 잘 수행하면 되는 것인데, 그처럼 인식 주관이 제 역할을 함으로써 얻어진 믿음은 곧 그 사실(그에 따른 근거)로부터 발생된 믿음이라는 의미에서 정당한 믿음이 되는 것이다. 어떤 인식 주관이 위와 같은 의미에서 인지체계가 잘 작동되기만 하면, 그에 있어 p가 사실이 아니라면 p를 믿는 행위가 일어나지 않을 것이다. 따라서 그와 같은 인식 주관에는 p가 참이라고 믿을 만한 타당한 이유를 갖는 등의 역할이 별도로 요구될 필요가 없다. 인지자와 관련하여 굳이 요구되어지는 것이 있다고 한다면, 그것은 사실을 반영해 주는 인지체계가 정상적으로 작동될 수 있는 조건만 잘 갖추어지면 된다. 따라서 'p가 거짓이라면, S는 p를 믿지 않을 것이다', 'S가 R이라는 근거에 의하여 p라고 믿을 때, p가 거짓이라면, S는 R을 갖지 않을 것이다' 등의 인지 체계의 정상적인 작동만이 문제가 될 따름이다.

인식론의 자연화에서는 사실과의 인과적 혹은 법칙적 관계에 의해 지식의 여부가 결정되는 것으로 본다는 점에서 믿음의 정당화에 관한 설명이라기보다는 오히려 '참인 정보의 소유'에 관한 설명이라고 보는 편이 옳다. 그 경우 사실과의 적절한 관계에 따른 정보를 소유하는 것으로 지식의 요건은 충족될 것이다. 이와 같은 자연화 계획에 따른 설명 방식이 지식을 해명함에 있어 그동안 골칫거리로 여겨져 온 정당성 부여 속성151)을 둘러싼 문제에 대해 산뜻한 답변을 제공해 준 것으로 받아들일 수도 있겠지만, 반면에 앞에서도 지적되었듯이 인식적 규범성의 문제와 관

---

151) 자연화 옹호자들이라 할지라도 '정당화'라는 개념을 명시적으로 적용하는 경우에 한한다. '정당화 부여 속성'은 "S의 믿음 p가 속성 F1, F2, F3,……을 갖는 오직 그 경우에 한해 p는 인식 정당화된다."에서 F라는 속성을 무엇으로 보느냐에 따라 그것이 내재적(internal)일 수도 있고 외재적(external)일 수도 있다.

련한 인식 주관의 개입에 따른 합리적 선택을 불가능하게 만들어 버린다. 왜냐하면 인식론의 자연화에서 설정하고 있는 문제의 관계가 정보를 보고하는 데는 손색이 없지만, 만일 우리가 그 관계에 대해 반성적으로 접근할 길이 없다고 한다면, 우리가 지향하는 어떠한 지식도 가질 수 없을 것이라는 우려에서 그렇다. 이 점을 레러(Keith Lehrer)는 '지식이 없는 정보'152)라는 표현을 사용하여 비판하고 있다. 그의 주장이 담고 있는 요지는 자신의 믿음이 신빙성 있는 믿음-형성 과정에 의해 산출되거나 인과적, 법칙적으로 연결되어 있다는 데 대해 의식하고 있지 못하다면, 바로 그 점에 대한 반성적 의식을 결여하고 있는데 무슨 수로 자신의 믿음이 참이라는 것을 알 수 있겠느냐는 것이다. 다시 말해 어떤 사람이 자신의 믿음과 그 참임을 연결시키는 외적 요인에 대한 반성적 의식이 없다면, 그 요인에 따른 자신의 믿음이 참이라는 것을 안다고 할 수는 없다는 지적이다.153)

---

152) Lehrer(1990), 162~164쪽.

153) 이러한 주장을 뒷받침하기 위해 레러는 암스트롱의 온도계 비유와 그가 제안하고 있는 온컴기(*tempucomp*)의 비유를 통해 외재론이 극복하기 어려운 난점을 설명하고 있다. 레러는 뇌수술을 통해 정확하게 '사고'와 '온도'를 일치시키는 첨단의 온컴기를 장착함으로써 온도에 관한 정보를 그대로 뇌에 전송할 수 있게 된 '진온도(*Truetemp*)'라는 사람을 가정하고 있다. 그러한 가정에 따라 진온도의 사고는 온도에 관한 참인 사고를 반영하고 있으며 따라서 그 과정은 신빙성 있는 믿음-형성 과정이 될 것이다. 그러나 레러에 따르면 진온도 자신은 온도에 관한 생각을 아무런 반성 없이 받아들이게 되는데, 그렇다고 해서 그가 예를 들어 지금 온도가 섭씨 30도라는 것을 안다고 말할 수는 없다고 주장하고 있다. 다시 말해 그가 현재 온도가 섭씨 30도라는 참인 정보를 입수한 것은 사실이지만, 그렇다고 해서 그의 정보가 지식이라고는 할 수 없다는 것이다. Lehrer(1990), 163~164쪽.

이러한 관점에서 레러는 "자연화 계획에서 제시하고 있는 그와 같은 특별한 관계가 지식으로 전환되기 위해서는 그러한 관계가 있다고 하는 추가적인 정보가 요구된다."라고 말하고 있다.154) 말하자면, 레러는 지식이 되기 위해서는 참인 정보를 소유하는 것 이상의 것이 필요하며, 어떤 인과적, 법칙적, 개연적, 반사실적인 관계나 과정이 신뢰할 만하더라도 그러한 과정에 우리가 인식적으로 접근하지 않는 한 그 과정을 밟아 얻어진 정보가 아무리 참이라고 해도 그 정보가 지식이 될 수는 없다고 결론을 내리고 있다. 이에 대한 레러의 의도를 보다 세부적으로 살펴보면 다음과 같다. 즉, 그는 '믿음'과 '수용(accept)'을 구별하면서 우리가 p라는 정보를 수용하고 이에 따라 p를 믿는다고 해도 p를 알지 못하는 경우가 있음을 지적하고 있다. 그 이유는 수용하여 믿고 있는 정보가 참인 정보라는 사실을 그가 파악하고 있지 못하는 경우가 있을 수 있기 때문인데, 다시 말해 레러는 어떤 정보를 수용하여 믿고 있다고 하더라도 그 정보가 참임을 파악하고 있지 못하다면 그는 그 정보를 안다고 할 수 없다고 보는 것이다. 이런 이유에서 레러는 어떠한 자연주의적 이론도 이러한 문제를 적절히 처리하지 못하고 있으며, 우리가 소유한 정보가 참이라는 것을 알기 위해서는 반드시 배경 정보가 요구된다고 역설한다.155)

일반적으로 인식자연화의 변형론156)으로 불리는 골드만은 그

---

154) 레러가 말하는 추가적인 정보란 일종의 완전한 정당화를 위해 요구되는 정보를 의미한다. Lehrer(1990), 310쪽.

155) Lehrer(1990), 164쪽 참조.

의 후기 설명에서 신빙성 있는 믿음-형성 과정에 의해 산출된 정
당화된 믿음은 이미 소유하고 있는 또 다른 근거에 의해 논박되
어서는 안 된다고 주장하고 있다. 믿음이 다른 근거에 의해 논박
되지 말아야 한다는 요구 조건은 그 믿음의 배경이 되는 정보와
서로 어긋나지 말아야 한다는 주장을 함축한다. 그렇지만 그에게
서 정당화의 원천은 여전히 신빙성 있는 믿음-형성 과정, 말하자
면 그 믿음의 역사에 비추어 참인 믿음을 산출하는 빈도수가 높
다는 사실에 있다. 골드만은 콰인을 비롯하여 암스트롱이나 노직,
드레츠키와 같이 정당화가 지식의 조건이라는 점을 거부하는 노
선을 걷고 있지는 않다. 정당화라는 조건을 그대로 살리고 있으
면서 규칙이라는 개념의 도입을 통해 그의 독특한 입장을 펼치고
있다는 사실이 그 점을 증명한다. 이러한 조치는 얼마간 자신에
게 가해질 반론을 의식한 면도 있지만, 그보다는 오히려 자연주
의적 기조를 유지함으로써 진리를 담지해 내는 것에 더 큰 비중
을 두기 위한 불가피한 선택으로 보인다. 그러나 그것은 어찌되
었든 골드만이 인식론의 자연화 일반에 대해 제기되는 반론, 즉
자신이 믿음을 산출하는 과정의 신빙성에 대해 전혀 모르는 사람
의 경우에 그 믿음을 논박하는 정보가 없다고 하더라도 자신이
믿는 것이 참이라는 것을 알지 못할 것이라는 반론에 여전히 결

---

156) 변형론이란 전통적 인식론과 인지과학의 성과나 방법을 조화시키려는
  절충안으로 보인다. 여기에서 문제가 되는 것은 인식론에 자연과학을
  어느 정도 반영할 것이냐에 있다. 대표적인 사람으로 김재권, 골드만,
  로던, 브라운 등을 꼽는다. 골드만의 경우 전통적인 인식론에 어느 정
  도의 제한을 가함으로써 인식론이 인지과학의 성과에 의존적임을 내
  비치는 입장으로 알려져 있다.

려들 수밖에 없다.

그럼에도 불구하고 골드만은 그러한 반론에 대해 적절한 응수를 아직 하지 못하고 있는 것으로 보인다.157) 예를 들어, 안개가 자욱한 곳에서 어떤 건축물을 발견하였는데, 나의 시야에 들어온 그 건축물을 나는 아파트라고 믿었다. 물론 아파트가 있을 만한 곳이 아니지만 실제로 그 건물은 아파트였다.158) 이 예에서 물론 나의 믿음은 참이다. 또한 그 상황에서 내가 보고 있는 것이 아파트가 아니었다면, 그것은 아파트 모형의 세트장이나 골프장 부속건물 혹은 산 등과 같은 것이었을 것이고, 따라서 나는 그것을 나무나 돌과 같은 것으로 믿지는 않았을 것이다. 물론 사방이 그다지 분간하기 어려울 정도는 아니어서 교회와 집 정도는 식별할 수 있고, 아파트를 다른 것과 구분하지 못할 정도는 아니다. 그렇다면 신빙론에서 제시하는 지식의 조건을 전적으로 만족시키고 있으며 따라서 그 이론에 의하면 나의 믿음은 정당화된다.

그러나 위에서의 나의 믿음을 지식이라고 할 수는 없다. 왜냐하면 내가 그 믿음을 받아들이기에 합당한 근거(이유)를 소유하

---

157) 이는 다음과 같은 의혹에 관한 것이다. 온도계가 섭씨 30도를 가리키는 것은 그 현재 온도가 30도라는 믿음에 대한 신빙성 있는 지표가 될 것이다. 그렇다면 골드만의 말대로 단지 그 온도계를 읽는 것 자체로 현재 온도가 섭씨 30도라는 것을 안다고 할 수 있을까? 그 온도계의 신빙성에 대한 증거를 전혀 갖고 있지 못할 뿐만 아니라 그 주유소의 온도계가 때로는 부정확하다는 경쟁적인 주장을 물리칠 수 있는 입장도 아니기 때문에, 나는 다만 나에게 나타나 있는 것을 그대로 믿고 있을 따름이지, 내가 안다고 말할 수 있느냐는 점이다.

158) 이 예는 Chisholm(1977)의 23쪽 각주 22에서, Lehrer(1990)가 1장에 제시된 예를 핵심만 간략히 정리한 것으로 서로 구조상 동일하다.

지 못하고 있기 때문이다. 여기서 내가 지니고 있는 유일한 인식적 근거는 그 사물에서 주어진 '감각 경험'이다. 안개에 시야가 가려 이 시각적 경험이 어느 정도 불분명하긴 하지만 그 사물이 아파트가 아니라 골프장 부속건물이었다고 하더라도 동일한 경험이 주어졌을 것이다. 따라서 나의 경험은 그 원인이 되는 사물이 아파트라고 믿을 만한 타당한 이유가 되지 못한다. 즉 나의 믿음은 인식적으로 정당하다는 나의 의식을 동반하고 있지 않기 때문에 지식이 될 수 없는 것이다. 위의 예는 어떤 믿음이 참인 것으로 드러났다고 할지라도 지식이 되기 위해서는 그 믿음의 정당성에 대한 의식이 필수적임을 보여주고 있다.

신빙성 있는 믿음 형성 과정에 대한 인식적 접근의 필요성에 입각한 전통적 인식론자들의 비판에 대해 자연화 옹호자들은 다음과 같이 답변할 수 있을 것이다. 첫째로 양자는 지식의 본성에 대해 전혀 다른 입장을 지니고 있다는 사실을 인정해야 한다고 응수하거나, 둘째로 자연화 옹호자들은 인식론의 목표인 진리에의 추구를 감안했을 때 두 견해 가운데 어느 입장이 진리의 달성을 가능하게 할 것인가 하고 물을 수 있다. 이러한 자연화 옹호자들의 답변을 타당한 것으로 받아들인다는 것은 정당화론의 차별성을 인정하자는 것이 될 것이다. 그리고 그 차별성은 오로지 진리에의 추구라는 인식론의 목표와 연관시키려 할 것이다. 전통적 인식론에서는 그럼에도 불구하고 우리에게 수용된 정보가 신빙성 있는 정보인지의 여부에 관한 또 다른 정보가 요구되며, 그러한 정보를 결여하게 될 경우 지식을 갖지 못하게 될 것이라고 주장하게 될 터인데 이러한 전통적 인식론자의 비판을 극복하는 것이 자연화 옹호론자들로서는 해결해야 할 과제로 남게 된다.

4. 평가 및 전망

지금까지 전통적 인식론의 맥락에서 인식론의 자연화 시도가 함축하는 의미가 무엇인지를 규명하기 위하여 지식의 본성과 관련하여 다각적으로 조망해 보았다. 그 과정에서 오히려 자연화 계획은 그것이 극복하지 않으면 안 되는 결정적인 과제를 남겼다는 점에서 아직 그 성공 여부를 진단하기에는 이르다는 것을 확인할 수 있었다. 그 과정에서 드러난 수확이라고 한다면, 콰인의 위상에 대한 재고와 관련하여 그것은 게티어의 문제와 그 해결의 과정 속에서 인식론의 자연화를 꾀하는 시도들 중 하나이며, 적어도 지식의 본성에 관한 새로운 접근의 가능성을 동시에 열어주었다는 점에서 찾을 수 있다.

게티어의 문제에 대한 극복 및 그 대안으로 제시된 인식론의 자연화는 그 자체로 그간 식상해 있던 인식론 내부에 새로운 활력을 불어넣은 것은 분명하다. 인식론의 새로운 가능성과 이를 통해 확고히 자리잡을 수 있는 절호의 기회가 주어지긴 했으나, 그리 순조롭지만은 않았던 것은 전통적 인식론에서 결코 포기할 수 없는 인식적 규범의 영역을 완전히 떨치지 못했기 때문이다. 사실 자연화 계획에서 끝까지 그 가능성을 타진한 부분도 바로 이 점이었다. 속 빈 강정이 될 수 없었기에 정당화라는 규범적 개념을 그대로 사용하면서까지라도 이를 놓기는 어려웠던 것이다. 하지만 규범적 개념을 사용하고 안 하고는 그리 문제가 되지 않음을 보았다. 적어도 자연화 전략이 취할 수 있는 유일한 대안은 인식적 규범이 어디에서 비롯되는가 하는 그 출처를 물음으로써 답변을 시도하게 된다. 말하자면, 인식적 규범이 사실적인 것에 의해 확보될 수 있다는 것을 보이기 위해 콰인의 경우와 같이 인식적 규범에 입각한 명제들은 독자적으로 확보되는 것이 아니라 경험에 토대를 둔 이론적 진술들이기 때문에 경험에 의해 얼마든지 수정가능하다는 주장을 펼친 점에서 충분히 짐작할 수 있다. 그럼에도 불구하고 자연화 전략을 유지하면서 여전히 빠져나가기 어려웠던 문제는 세계에 대한 인식 주관의 내적 개입에 관한 부분이다.

자연화 계획에 따라 지식 혹은 한 믿음의 정당성이 사실과의 어떤 외적 관계에 의해서 확보되는 것이라고 한다면, 인식 주관의 '내적 접근'이나 '반성'의 결과에 따른 것이 아니기 때문에 지적 혹은 합리성을 지향하는 능력을 지닌 존재로서 인간을 이해하는 시각 또한 달리해야 함을 의미한다. 이에 따른 우리의 인식 체계란 믿음에 직접 개입함으로써 반성적으로 고찰하는 체계가 아닌 믿음의 입력을 받아들여 형성하는 체계이므로 외부 세계로부터 받아들인 정보를 적절하게 처리하는 능력이 요구될 뿐이다. 인간의 인식체계를 이와 같이 이해할 경우 인식 주관의 의식이나 반성 없이 한 믿음의 참임이 확보될 수 있다는 것을 의미할 것이고, 그럴 경우 과연 안다고 할 수 있는지에 대한 의혹이 또다시 제기된다. 레러의 말대로 단순히 참인 정보를 소유하는 것을 우리의 지식이라고 한다면 의식의 직접적인 개입을 통한 합리적 판단은 이루어질 수 없기 때문에 앞의 3절 말미에 제시된 예를 설명해 줄 수 없다. 그렇다면 자연화 계획에서 그 답변을 마련할 수 있느냐 하는 점이 여전히 문제로 남게 된다. 인식론의 자연화 계획에 따른 이론상의 변화나 상충이 이에 대한 문제에서 비롯되었다는 의혹을 낳게 하는 대목이다. 카드대금이 연체되어 사용이 중지된 카드는 현금의 구실을 할 수 없으므로 현물과 호환될 수 없다. 물론 호환가능성을 상실하지 않기 위해 이리저리 빚을 얻어 그 대금을 메울 수도 있다. 그럴 경우 비록 당장은 호환될 수 있을지 몰라도 언젠가 그 사용이 중지될 가능성은 여전히 상존해 있게 된다. 그렇다고 자연화 계획의 입장에서 아직 미해결의 과제로 남겨진 부분이 있다고 해서 자연화 계획 자체에 대한 포기 등의 극단적인 선택을 강요하자는 것은 아니다. 그 해소의 가능성은 여전히 남아 있기 때문이다.

참고문헌

김기현(1992), "인식적 정당화의 한 이론", 『철학과 현실』, 겨울호.

_____(1993), "Internalism and Externalism in Epistemology", *American Philosophical Quarterly 30*.

_____(1994), "The Deontological Conception of Epistemic Justification and Doxastic Voluntarism", *Analysis* 54. 4

_____(1997), "자연화된 인식론", 『언어·진리·문화1』, 김여수 외 저, 철학과 현실사.

_____(1998), 『현대 인식론』, 민음사.

김도식(1995), "증거론이란 무엇인가?", 『철학연구』, 제36집.

_____(1995), "경험을 근거로 한 지식이 정당화될 수 있는가?", 1995 한민족 철학자 대회 발표문.

김동식(1995), "자연주의 인식론의 철학적 의의", 『철학적 자연주의』, 철학과 현실사.

김영남(1994), 『콰인의 자연주의 인식론』, 서광사.

김효명(1992), "현대인식론의 과제와 동향", 『철학과 현실』 봄호, 철학과 현실사.

_____(1995), "흄의 자연주의", 『철학적 자연주의』, 철학과 현실사.

임일환(1991), "인식적 토대론의 논리적 형식", 『철학과 현실』 가
　　　　을호, 철학과 현실사.

최순옥(1995), "콰인의 자연주의적 인식론에 관한 논의", 『철학적
　　　　자연주의』, 철학과 현실사.

홍병선(1999), "인식적 합리성의 가능근거와 제약", 『철학탐구』
　　　　제11집, 중앙대 부설 중앙철학연구소 편.

_____(2000), "인식 정당화론의 대립구도와 정당화 부여 속성의
　　　　문제", 『철학탐구』 제12집, 중앙대 부설 중앙철학
　　　　연구소 편.

Alston, W. P(1985), "Concepts of Epistemic Justification", *The
　　　　Monist 68*, reprinted in *Epistemic Justification :
　　　　Readings in Contemporary Epistemology*, Rowman &
　　　　Littlefield: Loyola Univ. Press.

_____(1988), "An Internalist Externalism", *Synthese 74.*

_____(1989), "Internalism and Externalism in Epistemology",
　　　　Philosophical Topics 14.

_____(1989), *Epistemic Justification*, Ithaca: Cornell University
　　　　Press.

Armstrong, D. M(1973), *Belief, truth and Knowledge*, Cambridge
　　　　Univ. Press.

Bonjour, L.(1985), *The Structure of Empirical Knowledge*, Cambridge
　　　　: Harvard Univ. Press.

Cherniak, C.(1986), *Minimal Rationality,* 제3장, Cambridge, MA :
　　　　MIT Press..

Chisholm, R. M.(1977), *Theory of Knowledge*, 2nd ed., Englewood
　　　　Cliffs, N.J.: Prentice-Hall.

_____(1988), "The Indispensability of Internal Justification", *Synthese 64.*

Clark, M.(1963), "Knowledge and Grounds: A Comment on Mr. Gettiers Paper", *Analysis 24.*

_____(1989), *Theory of Knowledge*, 3nd ed., Englewood Cliffs, N.J.: Prentice-Hall.

Cohen, S.(1984), "Justification and Truth", *Philosophical Studies 46.*

Conee, E.(1988), "The Basic Nature of Epistemic Justification", *The Monist* 71, 3.

Craig, E.(1990), *Knowledge and the State of Nature; An Essay in Conceptual Synthesis*, Oxford Univ. Press.

Dancy, J.(1985), *Contemporary Epitemology*, Oxford: Basil Blackwell.

Dretske, F.(1981), *Knowledge and the Flow of Information*, Cambridge: MIT Press.

Feldman, R. and Conee, E.(1985), "Evidentialism", *Philosophical Studies* 48.

Feldman, R.(1985), "Reliability and Justification", *The Monist* 68.

_____(1988), "Subjective and Objective Justification in Ethics and Epistemology", *The Monist* 71, 3.

Firth, R.(1978), "Are Epistemic Concepts Reducible to Ethical ones?", in Goldman, A. and Jaegwon, K.(1981), eds., *Values and Morals,* Dordrecht: Reidel.

Foley, R.(1987), *The Theory of Epistemic Rationality*, Cambridge: Harvard Univ. Press.

_____(1985), "What's Wrong with Reliabilism", *The Monist* 68.

_____(1991), "Evidence and reasons for belief", *Analysis 51.*

Fumerton, R.(1988), "The Internalism/Externalism Controversy", *Philosophical Perspectives 2*, Epistemology.

_____(1976), "Inferential Justification and Empiricism", *Journal of Philosophy 73.*

Gettier E.(1963), "Is Justified True Belief Knowledge?", *Analysis 23.*

Goldman Alvin I.(1967), "A Causal Theory of Knowing", in George Pappas & Marshall Swain eds., George Pappas, ed., *Essays on Knowledge and Justification*, Ithaca New York : Cornell Univ. Press.

_____(1979), "What is Justified Belief", in Paul K. Moser, ed., *Empirical Knowledge,* Rowman & Littlefield.

_____(1980) "The Internalist Conception of Justification", in *Midwest Studies in Philosophy.* Vol. V.

_____(1986), *Epistemology and Cognition*, Cambridge: Harvard Univ. Press.

_____(1992), "What is Justified Belief?", in *Liasons*, Cambridge: MIT Press.

_____(1993), *Philosophical Applications of Cognitive Science*, Westview Press.

Hetherington, S. C.(1996), "Foley's evidence and epistemic reasons", *Analysis 56, 2.*

Jacobson, S.(1992), "Internalism in Epistemology and the Internalist

Regress", *Australian Journal of Philosophy Vol. 70*, No, 4; December.

Kitcher, P.(1992), "The Naturalists Return", *The Philosophical Review Vol. 101*.

Kim, Jaegwon(1988), "What is Naturalized Epistemology", *Philosophical Perspectives 2*. Atascadero, CA: Ridgeview Press.

Kornblith H.(1983), "Justified Belief and Epistemologically Responsible Action", *The Philosophical Review*, XCII, No.1, January.

_____(1985), "Introduction: What is Naturalistic Epistemology?", *Naturalizing Epistemology*, A Bradford Book, M.I.T Press.

_____(1988), "Beyond Foundationalism and Coherence Theory", *The Journal of Philosophy 72*,

_____(1989), "The Unattainability of Coherence", John Bender ed., *The Current State of the Coherence Theory*, Dordrecht: Kluwer Academic Publishers.

Lehrer, K.(1965), "Knowledge, Truth, and Evidence", in *Analysis 25*.

_____(1974), *Knowledge*, Oxford Press.

_____(1990), *Theory of Knowledge*, Boulder, Co : Westview Press.

Lehrer, K. & Paxton, T.(1969), "Knowledge: Undefeated Justified True Belief", *Journal of Philosophy 66*.

Lehrer, K. & Cohen, S.(1983), "Justification Truth and Coherence", *Human Knowledge*, Paul K. Moser & Anold vander Nat, Oxford Univ. Press.

Nozick, R.(1981), *Philosophical Explanations,* 제3장, Cambridge: Harvard Univ. Press.

_____(1993), *The Nature of Rationality,* Princeton: Princeton Univ. Press.

Maffie, J.(1990), "Recent Work on Naturalized Epistemology", *American Philosophical Quarterly Vol. 27.*

Moser, P. K.(1989), "Reliabilism and Relevant Worlds", *Philosophia 19.*

_____(1996), "Rationality", *The Encyclopedia of Philosophy: Supplement,* Macmillan Reference USA, Simon & Schuster Macmillan, New York.

Pappas, G.(1979), "Basing Relations", *Justification and Knowledge,* ed. by G. Pappas.

Plantinga, A.(1988), "Positive Epistemic Status and Proper Function", *in Philosophical Perspectives 2 : Epistemology,* ed. Tomberlin, J.E.

_____(1990), "Justification in the 20th century", *Philosophy and Phenomenological Research 50.*

Pollock, J. L.(1974), *Knowledge and Justification,* Princeton Univ. Press.

_____(1986), *Contemporary Theories of Knowledge,* Rowman & Littlefield Press.

_____(1987), "Epistemic Norms", *Synthese 71.*

Pollock, J. L. & Cruz, J.(1999), *Contemporary Theories of Knowledge,* Rowman & Littlefield Press.

Putman, H.(1978), "The History of Philosophy", *Encylophedia of Philosophy*, Macmillan Reference USA, Simon & Schuster Macmillan, New York.

_____(1981), *Reason, Truth and History*, 김효명 역, 민음사.

Quine, W. V. O.(1969), "Epistemology Naturalized", *Ontological Relativity and Other Essays*(New York: Columbia Univ. Press).

Quine, W. V. O. & Ullian, J. S.(1978), *The Web of Belief, 2nd ed.*, New York; Rondom House, 정대현 역, 『인식론』, 종로서적.

Russell. B.(1912), *The Problems of Philosophy*, Oxford Univ. Press, 『철학의 문제들』, 박영태(1989) 옮김, 서광사.

Shope, R. K.(1979), "Knowledge and Falsity", *Philosophical Studies 36.*

Sosa, E.(1964), The Analysis of Knowledge that P, *Analysis* 25.

_____(1980), "The Raft and the Pyramid: Coherence versus Foundations in the Theory of Knowledge", in Midwest Studies in Philosophy: Vol. V.(Univ. of Minnesota Press)

_____(1985), "The Coherence of Virtue and the Virtue of Coherence," *Synthese* 64.

Stich, S. P.(1984), "Could Man Be an Irrational Animal? : Some on the Epistemology of Rationality", *Naturalizing Epistemology*, Edited by Kornblith, H.(1985), A Bradford Book, M.I.T Press.

Sturgeon, S.(1995), "Knowledge", in *Philosophy: A Guide Thought the Subject*, Oxford Univ. Press.

Swain, M.(1981), *Reasons and Knowledge*, Ithaca, New York: Cornell Univ. Press.

Van Cleve, J.(1979), "Foundationalism, Epistemic Principles and the Cartesian Circle", *The Philosophical Review 88.*

찾아보기

· 저자 ·

홍병선   •약 력•
         중앙대학교 교양학부 교수. 중앙대학교 철학과와 동 대학원을 졸업(석사)
         한 뒤, 「인식적 정당화의 내재론·왜재론 논쟁에 관한 연구」로 철학박사 학
         위 받았으며, 호서대학교 철학과 겸임교수와 중앙대 부설 중앙철학연구소
         전임연구원 역임.

         •주요논저•
         『합리적 사고와 논리』(공저)
         『철학오딧세이 2000』(공저)
         『서양근대철학의 열 가지 쟁점』(공저)
         『열 가지 주제로 읽는 그리스로마신화 이야기』
         「교양교육의 방법론적 출구로서의 사이버강좌」
         「과학에서의 권위와 반-과학으로서의 권위」
         「인식, 인식규범, 자연화」
         「인식적 내재주의와 무한소급의 문제」
         「인식의무, 그 자연화 전략상의 문제」
         「인식론에서의 자연화 그 철학적 함축」
         「인식적 합리성의 가능 근거와 제약」
         「현대인식론에서 데카르트식의 토대론적 전략은 유효한가?」
         「인식 정당화론의 대립 구도와 '정당화 부여 속성'의 문제」
         「인식적 정당화의 두 견해」
         외 다수

현대 인식론 논쟁
Contemporary Epistemology Controversy

• 초판 인쇄   2006년 9월 5일
• 초판 발행   2006년 9월 5일

• 지 은 이   홍병선
• 펴 낸 이   채종준
• 펴 낸 곳   한국학술정보㈜
              경기도 파주시 교하읍 문발리 526-2
              파주출판문화정보산업단지
              전화 031) 908-3181(대표)·팩스 031) 908-3189
              홈페이지 http://www.kstudy.com
              e-mail(e-Book사업부) publish@kstudy.com
• 등   록   제일산-115호(2000. 6. 19)
• 가   격   25,000원

ISBN 89-534-5626-6 93160 (Paper Book)
      89-534-5627-4 98160 (e-Book)